이기는 사람들의
지혜

Wisdom for Winners

이기는 사람들의 지혜

백만장자의 사고방식

짐 스토벌 지음 · 유영훈 옮김

🌱 나무생각

인생은 여행입니다. 길고 꼬불꼬불한 시골길을 따라 걷는 여행 같은 것이라고 생각합니다. 무언가에 발목을 잡히거나 멀리 돌아가야만 할 때도 있습니다. 인생의 어느 시기라도 눈앞이 캄캄한 일이 닥칠 수 있습니다. 하지만 이따금 이정표를 만나거나 산꼭대기에 올라서서 자신이 지나온 길을 돌아보면 여행을 하면서는 보이지 않았던 신의 뜻이 그제야 눈에 들어오기도 합니다.

저는 작가입니다. 그런데 제가 쓴 책을 읽을 수 없고 그 책을 토대로 만들어진 영화도 볼 수 없는 맹인이기에 제가 많은 사람들이 보는 책과 칼럼을 쓰게 되었다는 사실이 돌아보면 얄궂은 운명처럼도 느껴집니다. 《눈이 멀지 않아도 알 수 있다 *You Don't Have To Be Blind To See*》가 저의 첫 책이었습니다. 거의 20년 전입니다. 판매는 괜찮은 편이었습니다. 그래서인지 제 고향 도시의 한 비즈니스 주간지 편집자에게서 연락이 왔습니다. 다음 호에 실을 외부 기고 칼럼을 한 편 써줄 수 있느냐는 거였죠. 어떻게 써야 하는지 몰라서 솔직히 말했더니, 그가 저에게 칼럼 쓰는 방법을 가르쳐주었습니다. 비즈니스 인구나 성공을 위해 분투하는 독자들에게 흥미가 있을 법한 내용을 무엇이든 생각대로 쓰면 된다고요.

전화를 끊고서 저는 동료인 도러시 톰슨 Dorothy Thompson에게 첫 칼럼을 구술하기 시작했습니다. 그녀는 여러 해 동안 스무 권이 넘는 제 책과 수많은 영화 대본, 그리고 이 칼럼을 말 그대로 수백 편 받아써 주었답니다.

그 첫날에 저는 그저 머리에서 입으로 흘러나오는 생각을 주워 담기에 급급하였습니다. 편집자에게 팩스를 넣고 나서 10분 정도 시간이 흐른 뒤 전화벨이 울렸습니다. 주간지 담당 편집자였습니다. 그가 묻더군요. 혹시 어디서 베낀 거냐고요. 아니면 미리 써둔 것이거나. 아까 통화하고 나서 쓴 것이라고 안심시켰습니다. 그렇다면 이제부터 매주 쓰라고 말하면서 그가 전화를 끊더군요.

이렇게 지역 경제지에 외부 기고가로 참여해서 시작한 〈이기는 사람들의 지혜〉 칼럼은 세월이 흐르며 전 세계 수백 개 신문과 잡지, 온라인 매체를 통해 수백 만 명의 독자가 읽는 콘텐츠로 성장했습니다.

나폴레온 힐 재단을 운영하는 돈 그린이 제 칼럼을 책으로 내자고 연락해왔을 때 저는 그런 멋진 기회가 온 것에 적잖이 흥분하였습니다. 더 나은 삶을 지향하며 책을 쓰고, 강연을 하고, 영화를 만들고, 하물며 주간 칼럼을 연재하는 저 같은 사람은 모두 나폴레온 힐Napoleon Hill이라는 거인의 어깨 위에 서 있는 셈입니다. 지난 수십 년간 자기계발이나 성공학 분야의 책을 쓴 작가라면 모두가 나폴레 온 힐의 유산을 누렸다고 해도 과언이 아닙니다. 나폴레온 힐이 성 공학이라는 새로운 분야를 만들어 길을 개척하고 《나의 꿈 나의 인 생 *Think and Grow Rich*》 같은 걸작을 써낸 덕을 직간접적으로 봤을 테 니까요.

제가 좋아하는 작가인 루이스 라무르 Louis L'Amour 는 말했습니다. "사람에 대한 평가는 그가 살아온 시간과 장소라는 배경을 빼버리 면 의미가 없다."라고요. 이러한 관점에서 보면 나폴레온 힐의 업적 은 그야말로 독보적이라 하겠습니다.

내면이 황금 들판 같은 돈 그린과 솜씨 좋은 출판 전문가 데이브 윌다신 Dave Wildasin 이 제 칼럼을 선별해서 네 개 챕터로 엮었습니다. 두 분의 재능과 시간과 노력에 대해 어떤 감사를 드려야 할지 모르 겠습니다. 이 책의 칼럼들이 전 세계 여러 매체에 실렸던 것 그대로 라는 말도 해야겠군요. 그중 몇 편은 이 글을 쓰는 시점에서 10년도 더 된 글입니다. 하지만 거기에 담긴 지혜는 여전히 유효하며, 흥미 로운 맥락을 찾을 수 있을 거라고 말하고 싶습니다.

이 책의 기획 과정에서 항상 독자 여러분을 염두에 두었습니다. 지혜는 경험에서 나오며, 경험을 얻으려면 십중팔구 아프고 비싼

대가를 치러야 합니다. 하지만 이미 고통과 비용을 지불한 다른 사람의 경험을 통해서 배우는 사람이 있다면, 그 사람은 현명한 겁니다. 저는 여러분이 이 책을 앞표지부터 뒤표지까지 완독하면 좋겠습니다. 또 여러분이 인생을 여행하며 어떤 구체적인 지혜가 필요할 때마다 부분부분 찾아볼 수 있는 참고 자료로 이 책을 잘 활용하면 좋겠습니다.

저는 여러분과의 이번 만남이 일회성으로 끝나지 않기를 바랍니다. 앞으로 몇 달, 몇 년 뒤든 일과 개인적 삶에서 성공을 향해 나아가는 와중에 제가 이 책에 숨어서 여러분의 동반자가 되기를 희망합니다. 자신의 잠재력과 더 나아가 성공에 있어서 이 책이 주는 것 이상의 격려나 확인이 필요하다면 언제라도 저에게 연락을 주세요. 제 이메일 주소는 Jim@JimStovall.com입니다.

여러분의 시간과 돈을 이 책에 투자한 것에 감사드립니다. 그 투자에 대한 커다란 보상이 앞으로의 삶에서 있기를 염원합니다.

짐 스토벌

차례

1부 정신을 다스려라

2부 인간관계를 점검하라

3부 돈과 비즈니스를 이해하라

4부 성공을 움켜쥐어라

1부

정신을 다스려라

"우리 모두의 내면에 있는 지혜와 인내, 강인함은
평소에는 좀처럼 드러나지 않다가
고난을 헤쳐 나가는 과정에서 드러납니다." _짐 스토벌 여러분은 자신의 모든 스펙을 합친 총합보다 훨씬 더 큰 존재입니다. 통장 잔고가 우리가 가진 자산의 전부가 아닙니다. 미처 깨닫지 못한 가치도 많습니다. 재능과 재주가 뛰어나고 인맥이 좋다고 해서 항상 성공하고 이기는 것은 아닙니다. 객관적인 스펙만 보면 결코 성공할 것 같지 않은 사람이 정상에 오르는 경우도 적지 않습니다. 우리는 이처럼 보이지 않는 것들이 더해져서 마음과 육체와 정신의 완결체로 거듭납니다. 모든 성공은 정신에서 시작합니다.

성공의 깃발
지키기

우리들 한 사람 한 사람은 무한한 잠재력과 무한한 선택권을 지니고 태어납니다. 아기 때는 전 우주가 나를 중심으로 돈다고 믿습니다. 그리고 내 삶에 영향을 주거나 관계된 것만이 중요하다고 여깁니다. 이렇게 쓰인 깃발을 손에 들고 태어난 셈이죠.

"난 사랑받아 마땅해. 능력도 있어. 마음만 먹으면 무엇이든 다 할 수 있다고."

그런데 성장을 하면서 남들이 내 깃발에 멋대로 글씨를 쓰도록 놔두는 우를 범합니다. 그들은 내 깃발에 이런 말을 씁니다.

"재수 없어. 멍청하긴! 넌 평생 그렇게 살 거다. 넌 할 수 없어."

학교를 졸업하고 사회생활을 시작할 때쯤이면 깃발은 온통 이런 낙서로 덧칠이 되어서 원래 쓰여 있던 메시지는 거의 보이지도 않습니다.

수긍되지도 않을 이런 말을 다른 사람이 내 깃발에 쓰거나 내 머리에 우겨넣을 수는 없습니다. 하지만 우리는 부족한 인간이기에,

비판은 죄다 마음에 담고 칭찬은 죄다 흘려보내는 일이 다반사죠. 나를 정말로 잘 아는 주변 사람이 넌 특별하고 소중하다고 말해주면 겸손이 미덕이라 '운이 좋았다'거나 '과찬의 말씀'이라며 딱히 마음에 담지 않습니다. 하지만 그 반대는 어떨까요? 나에 대해서 정작 잘 모르는 사람이 생각 없이 무례한 말을 하면 그들이 내뿜은 독을 내가 응당 받아야 할 사약인 양 꿀꺽 삼킵니다.

여러분은 사랑받아 마땅하고, 능력도 있고, 마음만 먹으면 못할 일이 없다는 사실을 잘 기억해두세요. 이런 말이 아닌 다른 말을 타인이 함부로 내 깃발에 낙서하게 놔두지 마세요. 필요하다면 커다란 머릿속 지우개를 마련해서 원래의 문구가 다시 잘 보이게 낙서를 지워야 합니다.

Today's the day!

불가능 없는
성공의 왕국

Wisdom for Winners

이 글을 읽는 사람들을 대상으로 "당신은 노래를 잘 부르거나 춤을 잘 춥니까?"라고 묻는 설문을 한다면 결과가 어떨 것 같나요? 압도적인 다수가 자기는 노래나 춤에 재능이 없다고 답할 겁니다. 해보나 마나입니다. 하지만 네 살짜리 아이들을 상대로 같은 질문을 한다면요? "나는 노래를 잘 불러요.", "나는 춤도 잘 춰요."라는 자신감 넘치고 확신에 찬 대답이 쏟아질 것입니다.

그렇게 대답한 네 살짜리들 중에서 진짜 재능이 있는 아이는 드물 겁니다. 하지만 이 아이들은 스스로의 잠재성에 대한 놀라운 자신감을 가지고 있죠. 우리 모두가 원래는 이러한 자신감, 아니 성공에 대한 확신을 가지고 태어났습니다. 하지만 자라면서 소위 현실감에 취하는 바람에 이런 확신이 사라져버렸습니다.

취학 연령이 되면 나를 둘러싼 세상에 대한 교육을 받는데, 그럼으로써 현실을 보는 눈은 생기지만 마음의 눈은 흐려집니다. 하지만 어떤 동상이나 기념비의 주인공이 된 사람들 중에 현실적이어서 그렇게 된 사람이 있던가요? 그들은 어린아이 같은 믿음을 바탕으로 꿈을 꾸고, 그 꿈을 이뤄낸 몽상가이자 성취자들이었습니다. 그들은 어쩌면 현실성에 대한 세상의 울부짖음을 무시하는 데 특출한 재능을 지니고 있었는지도 모릅니다.

하루 날을 잡아서 모든 일을 현실성 측면이 아니라 가능성의 관점에서 생각해보기 바랍니다. 그것에 숙달된다면 우리는 나이를 거슬러 올라가 네 살짜리 아이의 불가능 없는 성공의 왕국에서 살 수 있을 겁니다.

Today's the day!

우리에겐
선택할 권리가 있다

요즘은 온갖 권리에 대한 말이 넘쳐납니다. 시민권, 평등권, 여성의 권리, 소수자 권리 등등 모두가 소중한 가치죠. 하지만 그 근본에서 여러분과 제가 가진 이 세상 단 하나의 권리가 있습니다. 바로 선택권입니다.

우리에게 벌어지는 일은 선택할 수 없을 때가 많습니다. 하지만 거기에 어떻게 대응할 것인지는 항상 선택할 수 있습니다. 여러분이 지금 이런저런 사람인 까닭은 여러분이 한 이런저런 선택들 때문입니다. 바꿔 말하면, 살면서 해온 모든 선택들이 엉겨서 이 시간, 이곳에 앉아 이 글을 읽는 여러분을 만든 겁니다.

저는 세계를 다니며 매년 많은 사람들 앞에서 강연을 합니다. 연단에 올라서 앞에 있는 사람들에게 "여러분이 지금 개인적으로, 직업적으로 처한 이러저러한 상황은 엄밀히 말씀드리면 다 여러분의 선택이었습니다."라는 식으로 말을 하면 대체로 듣기 싫어합니다. 자신의 형편에 대해서 남 탓을 하려는 심리나 사회적 분위기가 있기 때문입니다.

"여러분의 선택으로 지금 여러분이 된 겁니다."라는 말에 그들은 이렇게 반박을 합니다. "저도 제 인생이 엉망인 건 아는데요, 제 배우자를 보면 제 처지를 이해할 겁니다.", "직장 상사가 바보 멍청이입니다."라거나 "날씨가 너무 더워서요.", "세금이 너무 많아서요.", "첫째와 막내 사이에 낀 둘째로 태어난 게 문제였죠." 같은 말들을 합니다. 현실과 타협하며 인생을 살아가려는 핑계입니다.

과거에 했던 선택들 때문에 지금의 내가 있다는 진실을 인정해야 합니다. 그래야만 앞으로 올바른 선택을 했을 때, 단지 그것만으로도 원하는 일은 무엇이든 할 수 있다는 확신을 가지고 남은 인생을 살 수 있기 때문입니다.

앞을 보세요.

Today's the day!

진짜
소비자가 되라

여러분은 제가 무슨 일을 하는지 알고 있을 겁니다. 매주 칼럼을 기고하고, 책을 쓰고, 강연을 다니고, 영화를 만드는 일 말고도 저는 NTN Narrative Television Network 방송국을 운영하고 있습니다. 여기서 질문이 있습니다. 미디어와 기업은 당신을 어떻게 생각할까요? 네, 그렇습니다. 숨만 쉬어주어도 고맙고 소중한 '소비자'로 봅니다.

미디어와 기업의 입장에서 소비자의 존재 가치는 단 하나입니다. 상품과 서비스를 사주는 사람. 그것이 전부입니다. 그들의 입장에서 중요한 것은 구매가 얼마나 많이, 또 얼마나 자주 일어나느냐 하는 것뿐입니다. 구매자가 과연 자신에게 적합한 상품과 서비스를 구입하고 있는지 아닌지는 알 바가 아닙니다.

방송업계의 이야기를 해보죠. 방송 프로그램이란 뭘까요? 그저 다음 광고가 나올 때까지 시청자를 텔레비전 앞에 묶어두려고 설계한 수단에 지나지 않습니다. 신문도 광고로 가득하죠. 우편함도 전단지나 선전물로 터질 지경입니다.

물론, 열심히 일해서 갖고 싶은 물건을 사고 좋은 서비스를 받는 것 자체가 잘못된 일은 아닙니다. 그럼으로써 경제가 돌아가니까요. 중요한 건 여러분이 정말로 원하는 것과, 기업과 미디어가 주입하는 것을 혼동하지 말아야 한다는 겁니다. 저 차를 사서 몰고 다닐 수 있다면, 저 브랜드의 옷을 입을 수만 있다면 내 삶이 완성될 것이라는 메시지가 거의 세뇌 수준으로 주입되고 있으니까요.

지금 행복하지 않다면 어떤 상품을 사더라도 행복이 사은품처럼 딸려오지는 않을 겁니다. 물건을 '사는 삶'과 인생을 '사는 삶'을 혼동하지 마세요. 미디어는 상품이나 서비스를 사는 삶이 진짜 삶이라고 말합니다. 하지만 사기 전에 먼저 삶이 있고, 여러분 자신이 있는 겁니다. 여러분이 되고 싶은 그런 사람이 되세요. 그러면 정말로 원하는 것들을 갖게 될 겁니다.

> 지금 행복하지 않다면 무엇을 사더라도
> 행복을 얻지는 못할 겁니다.

내가 가진 것이 아니라 나라는 존재 자체에 먼저 초점을 맞추어 보길 바랍니다. 그러면 내 마음이 정말로 원하는 상품과 서비스가 뭔지 알게 되고, 행복도 따라옵니다. 남들이 샀다고 하니까 나도 따라서 사고 싶은 건지, 아니면 정말로 원해서 사고 싶은 건지 스스로에게 먼저 솔직하게 물어보면 어떨까요.

Today's the day!

상자 안에
갇힌 생각

Wisdom for Winners

이런 생각이 들 때가 있을 겁니다. '이 일은 왜 이렇게 할까?' 생산적인 고민입니다. 뭐, 거창한 과업이 아니라 직장이나 가정에서 반복하는 자잘한 일들일 수도 있습니다. 죽 이렇게 해왔으니까 그냥 이렇게 한다거나, 원래 그렇게 하는 거라서 그렇게 한다는 일이 생각보다 많다는 것을 알게 될 겁니다. 이런 경향을 일컬어 '상자 안에 갇힌 생각'이라고 합니다.

정해진 방식대로 정해진 일을 처리한다? 그건 절대로 나쁘지 않습니다만, 왜 그렇게 정해진 것인지를 한 번쯤 고민해볼 필요는 있습니다. 특히 목표와 목적의 관점에서 말입니다.

미국에서는 명절에 커다란 수제 햄을 준비하죠. 고깃덩어리를 그대로 햄으로 만들었기 때문에 모양이 반듯하지 않습니다. 이에 대한 재밌는 이야기가 있습니다.

어느 한 가정에서 엄마가 어린 딸과 함께 명절 음식을 준비하고 있었습니다. 엄마는 햄을 팬에 올리기 전에 도마에 놓고 양쪽 꽁다리를 잘라 치워두었습니다. 옆에서 그 모습을 보고 있던 딸이 물었습니다.

"엄마, 왜 햄 꽁다리를 잘라요?"

딸의 입장에서는 논리적인 질문입니다. 엄마의 대답은 이렇습니다.

"그게 명절 햄을 준비하는 방식이란다."

아이들은 우리 어른들처럼 아직 뇌가 굳지 않았거든요. 그래서 딸이 다시 물었습니다.

"왜 명절 햄은 그렇게 준비를 해요?"

엄마도 가만히 생각해보니 이상했습니다. 엄마도 자신의 엄마에게서 그렇게 배운 것이었거든요.

그래서 명절에 온 가족이 오랜만에 식탁에 둘러앉자 어머니에게 왜 명절 햄은 꽁다리를 자르는지 물었습니다. 엄마의 엄마의 대답도 다르지 않았습니다.

"글쎄다, 원래 그러는 거 아니니?"

그런데 엄마의 엄마도 가만히 생각해보니 이상한 겁니다. 그래서 요양원에 계시는 엄마의 엄마의 엄마에게 전화를 걸어 왜 명절 햄을 준비할 때 항상 꽁다리를 잘랐는지, 그리고 왜 자신에게도 그렇게 가르쳤는지 물었습니다. 왕할머니의 방식이 딸에게로, 딸에게로, 또 딸에게로 전해져 내려온 것이었으니까요.

"응, 내가 새댁이었을 때는 말이다, 그때는 작은 팬 하나로 모든 요리를 다 해야 했어. 꽁다리를 자르지 않으면 햄이 팬에 안 들어가니까 그런 거지."

미국에서는 잘 알려진 이야기입니다만, 다시 곱씹어볼 가치가 있습니다. 매일매일 여러분 앞에는 할 일이 놓여 있습니다. 여기에 어떤 방식으로 여러분의 노력을 쏟아부을 것인지에 대해서 이번 기회에 다시 한번 생각해보면 어떨까요?

Today's the day!

최고를
바라는 삶

Wisdom for Winners

인생은 공정하지도 공평하지도 않습니다. 이것은 진리입니다. 비단 저만 하는 말은 아닐 겁니다. 살면서 원하는 것을 갖기란 쉽지 않습니다. 마땅히 가져야 할 것조차 갖지 못하는 경우도 비일비재하니까요. 그런데 사실 사람은 누구나 자기가 바라는 것을 갖게 됩니다. 이것도 진리입니다. 머리에 가득 들어찬 생각이 있으면, 그것을 향해 거침없이 움직이는 것이 또 우리니까요.

"내가 생각하는 것이 곧 나다."

이것은 유사 이래로 지난 5천 년간 제가 아는 것만 해도 100명은 되는 위인들이 줄곧 해온 말입니다. 성공과 실패는 습관이 되곤 합니다. 무얼 해도 안 되는 사람이 있습니다. 횟수를 거듭할수록 실패의 구렁텅이는 깊어만 갑니다. 이런 사람들 옆에 가면 잘 들리는 말이 있습니다. "내 이럴 줄 알았다고."

그 반대의 경우도 있죠. 무얼 해도 잘되는 사람입니다. 잘되고 또다시 잘되다 보니 잘되는 게 당연해지는 겁니다.

매일 명심할 격언이 있습니다. 찾고 있어야 눈에 띈다는 것입니다. 아침에 일어나 오늘은 안 좋은 하루가 될 거라고 생각하면 그 기대에 맞는 일들이 착착 벌어집니다. 반대로 좋을 거라는 기대를 갖고서 오늘을 시작한다면 그날은 인생 최고의 하루가 됩니다.

재미난 사실은 두 경우의 객관적인 상황은 아마도 같았으리라는 점입니다. 상황은 바뀌지 않았을 겁니다. 바라는 결과를 찾았기 때문에 바라는 결과가 보였던 것입니다. 반대로 부정적인 것에만 골몰한 나머지 멋진 나날을 얼마나 많이 놓쳤을지 생각해보세요. 인생이 준 선물을 못 보고 지나친 적이 얼마나 많았을까요?

이렇게 해보면 어떨까요? 하루 동안, 그날은 무조건 좋은 일만 일어나길 열심히 바라는 겁니다. 사사건건 어디 좋은 일 없나, 어디에 좋은 게 있을까 바라는 겁니다. 마침내 하루를 마치고 침대에 누워서 생각하겠죠. 그날은 특별한 하루였다고 말입니다. 하지만 그렇지 않더라도 염려하지는 마세요. 이러한 생각은 평생을 보장하는 보험 상품 같은 것이니까요. 앞으로 여러분이 힘들고 고단한 날을 보내게 될 때 습관처럼 어디 좋은 일이 없나 내심 기대하고 살피게 될 거라는 말입니다.

내게 벌어지는 일보다 더 중요한 것은 내가 그 일을 어떻게 받아들이느냐 하는 것입니다. 여러분이 기대하는 것이 무엇이든 그것이 만발한 삶을 살아가길 바랍니다.

Today's the day!

당신은 모든 걸
가진 사람이다

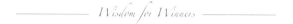

오클라호마에 토네이도가 덮쳤을 때 라디오에서 들은 어느 이재민의 인터뷰가 잊히질 않습니다. 불과 몇 시간 전만 해도 자기 집이 있었지만 이제는 허허벌판이 된 땅에서 한 젊은 남자가 아내와 두 자녀와 함께 있다가 마이크를 받았습니다. 그러고는 제 뇌리에 평생 남을 만한 말을 하였습니다.

"완전히, 모두 다, 사라졌습니다. 옷 몇 벌이 우리 가족이 가진 전부입니다."

잠깐 정적이 흘렀습니다.

"하지만 가족이 모두 무사하니 운이 좋았습니다. 그러면 중요한 건 다 있는 게 아닙니까?"

아무것도 없는데 모든 게 다 있다니, 어쩌면 모순된 말처럼 들립니다. 하지만 그렇지 않죠. 남자의 말에서 교훈을 반추해봅시다. 우리는 어쩌면 결국 그리 중요하지 않은 것들을 그러모으느라 너무 많은 시간을 쓰고 있는 건 아닐까요? 덜 중요한 것들이 사라져버리기 전까지는 정말로 소중한 것이 무엇인지 깨닫지 못합니다.

파괴된 지역은 다시 복구되고 회복될 테지요. 깨지고 무너진 삶을 추스를 겁니다. 사랑하는 가족을 잃은 사람들도 어떻게든 헤쳐 나갈 힘을 찾을 테고요. 인간이란 존재는 가장 힘들고 고된 시간에 이르러 자신을 보게 됩니다. 토네이도가 휩쓸고 지나가자 자원봉사 자들이 나타났습니다. 누군지도 모르는 그들은 여러 날 지치지도 않고 남을 위해 일했습니다. 음식과 물품을 실은 트럭이 전국에서 빠르게 모여들어 구호가 필요한 곳으로 향했습니다. 구급대원들, 정부와 민간 기관들, 교회와 비영리 단체들도 모두 멋지게 헌신해주었지요.

"인생이 최악을 보여줄 때 우리는 최고를 보여준다."

이런 멋진 말이 어울리는 상황입니다.

무너진 삶과 꿈의 잔해에서 더 단단하고 멋진 삶과 꿈을 쌓아 올리는 힘, 이런 능력이 우리를 자랑스럽게 합니다. 하지만 한 가지 잊지 말아야 합니다. 모든 걸 잃더라도 여전히 친구와 가족이 있고 계속 나아가겠다는 희망이 있다면, 여러분은 여전히 모든 걸 가진 사람이라는 것이죠.

Today's the day!

세 가지
행복의 열쇠

Wisdom for Winners

나라는 존재를 하루하루 이어가는 일을 일컬어 우리는 '산다'고 합니다. 안달복달하는 삶에서 발을 빼고 진짜 내 운명을 경험하는, 드물지만 특별한 순간들이 있습니다. 제 경험에 비추어보면 다른 사람을 행복하게 해주려다 보니 나 자신도 행복해졌다, 뭐 그런 삶이라고 감히 말하고 싶습니다. 사람들은 다들 사느라고 너무 바빠서 진정한 인생을 살지 못합니다. 그러나 행복이란 손에 쥔 고운 모래 같을 때가 많습니다. 만져지거나 규정되지 않고 손에 잘 잡히지도 않습니다.

행복의 열매를 맺는 세 가지 요소가 있습니다. 셋 중에 하나만 없어도 우리는 결여된 무언가를 찾아 어둠을 더듬는 꼴입니다. 다리 세 개가 균형을 이룬 스툴 의자를 상상해보세요. 다리가 하나만 없어도 의자는 균형을 잃고 쓰러집니다. 진실로 행복하려면 반드시 '할 일'과 '사랑하는 사람'과 '지향하는 대상'이 있어야 합니다. 이 셋이 다 있을 때 행복을 경험합니다.

먼저, 할 일이 있다는 것은 시간을 투자할 대상이 있다는 의미입니다. 시간이야말로 우리의 가장 소중한 자산이죠. 시간은 매일 누구에게나 똑같이 주어집니다. 1분, 1초도 다르지 않습니다. 이 시간에 어떤 투자를 하느냐, 여기에 성공과 행복의 저울이 가로놓여 있습니다. 사람들은 하루 종일 빈둥댈 수 있는 열대의 예쁜 섬을 낙원이라고 상상합니다. 하지만 그곳에서 탈출하려고 목숨을 걸고 애를 쓰는 문학 작품은 또 얼마나 많던가요.

사랑하는 사람도 있어야 합니다. 이 말인즉, 타인을 존중하고 보살피는 일에 투자를 해야 한다는 의미입니다. 행복감을 느끼려면 반드시 정서적으로 나 자신의 밖으로 나가서 타인의 삶에 영향을 끼쳐야 합니다.

지향하는 대상이 있다는 말은 우리에게 아직 오지 않은 시간을 희망하고 거기에 힘을 쏟는 투자를 한다는 의미입니다. 지금 이곳만을 사는 사람은 진정으로 행복할 수 없습니다. 사람이란 내 눈앞의 무언가보다 더 많은 것을 바라고 사는 존재이니까요.

살면서 다시 '조용한 절망'이 찾아오거든 그때는 이렇게 하세요. 내 영혼을 가만히 살펴 이 세 가지 중에서 없는 게 무엇인지, 그것이 내가 할 일인지, 사랑할 사람인지, 바라는 건지를 알아내야 합니다. 바로 거기에 행복의 열쇠가 있습니다.

Today's the day!

실패나 성공이
당신은 아니다

Wisdom for Winners

우리는 결과가 전부인 사회에서 살고 있습니다. 지난번에 이겼으니 이번에도 이겨야만 한다는 압박을 받습니다. 사람들의 자존감이 생각보다 낮은 이유이기도 합니다.

최근에 저는 미국대학체육협회가 주관하는 농구 챔피언십 대회를 즐겼습니다. 미국의 모든 대학 농구 팀이 토너먼트 출전권을 놓고 여러 달 동안 열띤 경기를 펼칩니다. 시즌 막바지에 토너먼트 대회에 나갈 64개 팀이 가려집니다. 경기가 진행될 때마다 팀들이 하나씩 탈락해 떨어져 나가죠. 마지막 남은 단 한 팀이 전국 우승을 차지하면 시즌이 끝납니다.

시즌 초반을 함께 시작한 수많은 팀들 가운데, 시즌 말미에 토너먼트에 진출한 64개 팀 가운데서도 단 하나의 팀만이 유일한 승자가 됩니다. 만약에 이것이 대회의 유일한 목표라고 치면 절대다수의 팀은 암울한 패배자일 뿐이죠. 그러나 성공이란 애써서 이루어내는 것과, 평화롭게 만족하는 것 사이의 균형에 있습니다. 이 균형은 오로지 우리가 지닌 본연의 가치를 성과에서 분리시킬 때에만 이룰 수 있습니다.

어린아이는 선천적으로 이 점을 이해하는 것 같습니다. 여섯 살짜리 아이에게 게임은 그 자체로 즐거운 것이죠. 이기든 지든 큰 상관은 없습니다. 그런데 안타깝게도 성장을 하면서 우리는 지면 안 된다고 여깁니다. 성공이 곧 나 자신이 되기 때문입니다.

성공이란 애써서 이루어내는 것과
평화롭게 만족하는 것 사이의 균형에 있습니다.

사람들은 모두 자기 안에 가치를 품고 있습니다. 이 가치는 성과와 완전히 별개의 것입니다. 뉴스를 보세요. 뛰어난 운동선수나 유명 배우, 성공한 사업가들의 차마 눈뜨고 볼 수 없는 사생활을요. 그들은 일에서 정상에 오르는 성과를 냈을지는 모르나, 삶은 시궁창에 있었던 것입니다.

탐나는 것을 갖거나 높은 지위에 오르는 것을 인생의 목적으로 삼아서는 안 됩니다. 올바른 일을 하는 사람이 되기를 바랍니다. 그러면 소위 말하는 성공도 자연스레 따라올 것입니다.

Today's the day!

디테일의 함정에
빠지지 마라

세부 사항에 매몰되어서 큰 그림을 놓치는 경우가 많습니다. 디테일이 역효과를 냈다고 할 수 있습니다.

성경에 나오는 요나와 고래 이야기를 들어보았을 겁니다. 현대인에게도 많은 것을 시사하는 내용이 담겨 있습니다. 최근에 한 라디오 토크쇼를 듣고 있었습니다. 전국에서 청취자들이 전화를 걸어와서 패널로 나온 학자들과 토론을 하더군요. 질문들이 이랬습니다.

"그건 정말 고래였나요? 그냥 커다란 생선 아니었을까요?"

"물속에서, 그것도 물고기 배 속에서 어떻게 사흘을 살아남을 수 있나요?"

이런 대화와 토론이 계속되더군요. 그것을 들으면서 저는 이 사람들이 자잘한 세부 사항에 매몰되어 큰 그림을 놓치고 있다고 생각했습니다. 완전히 확인되거나 부정할 수 없는 미세한 지점들에 연연하는 통에 누구에게나 의미가 있을 법한 적절한 메시지가 버려졌죠. 강력한 메시지를 담는 그릇이 꼭 완벽할 필요는 없습니다.

워터게이트 사건을 알 겁니다. 이 사건으로 당시 닉슨 대통령은 그야말로 못 믿을 사람이 되었습니다. 워터게이트 사건의 세부 사항들이 물증으로 나왔기 때문에 사람들은 그의 말과 행동을 하나하나 따지고 폄하했습니다.

이후 닉슨은 자신의 과오를 스스로 어느 정도 만회했습니다. 존경을 받는 원로 정치인이 되어서 작가이자 강연자로 활동을 했습니다. 그러자 사람들은 이렇게 말했습니다. 닉슨도 사람인지라 잘못을 한 건 맞는데, 그럼에도 불구하고 국제 문제에 관해서는 아마도 동시대 누구보다도 뛰어난 통찰을 지니고 있었던 것 같다고요. 워터게이트 사건이 벌어지고 나서 여러 해 동안 닉슨은 자신이 해야 할 말을 했지만 완전히 묵살되었습니다. 말의 내용이 아니라 그 말을 한 사람에게 결점이 있었으니까요.

간디는 "누구에게나 배울 점이 있고, 그런 면에서 그는 나보다 나은 사람이다."라고 말했습니다. 정말로 그렇습니다. 비단 사람뿐만 아니라 모든 경험과 상황, 책, 대화 등등이 모두 우리에게 무언가를 가르칠 수 있습니다.

어떤 가치 있는 것을 받아들이는 과정에서 모든 세부 사항이 완전히 확인되거나 완벽히 이해될 필요는 없습니다. 메시지를 전하는 사람은 아마도 별 볼 일 없거나 결함이 있을 겁니다. 그럼에도 불구하고 메시지는 유효할 수 있습니다. 따라서 우리는 항상 자신에게 이렇게 물어야 합니다. 이 상황에서 세부 사항과 정황, 그리고 메시지가 담긴 그릇이나 그걸 전하는 사람 자체는 차치하고 '여기서 내가 무엇을 배울 수 있느냐'고요. 그리고 '이것이 나에게 어떤 의미가 있겠느냐'고요.

오늘날은 지식과 지혜를 가능한 한 다양한 경로를 통해서 구해야 합니다. 그중에는 여러분이 완전히 이해하지 못하는 것도, 사회가 정한 임의적 기준에 꼭 부합하지 않는 것도 있을 겁니다.

Today's the day!

나에게 붙인
꼬리표

제가 쓴 네 번째 책을 출판해준 친구가 있습니다. 그는 '대단한 찰리 존스'라고 불립니다. 친애하는 이 친구의 이름 앞에 말 그대로 이런 대단한 호칭이나 별명이 붙은 까닭은 그가 여러 해 전에 《대단한 인생 *Life is Tremendous*》이라는 책을 썼기 때문입니다. 여러분이 제 칼럼 〈이기는 사람들의 지혜〉의 애독자라면 제가 책 추천은 거의 하지 않는다는 사실을 알 겁니다. 하지만 인생의 여러 참맛을 알고 싶다면 찰리의 이 책은 꼭 읽어보길 바랍니다.

다른 사람이 나를 어떻게 생각할까, 우리는 이 걱정을 하며 삽니다. 그러느라고 많은 시간과 노력과 기운을 쏟지요. 걱정해야 할 것은 그게 아니라, 내가 나에게 붙인 꼬리표입니다. 이런 상상을 해보면 어떨까요? 웬일인지 주위에서 다 나를 보고 '대단하다'고 하는 겁니다. 매일 그런 말을 들으며 산다면 어떨까요? 알게 모르게 많은 게 달라질 겁니다.

사람이 어떻게 실수를 안 하고 살 수 있나요? 그런데도 실수를

39

하면 나 자신을 탓하기에 바쁩니다. '내가 멍청해서 그랬어.', '난 왜 이렇게 게으르지.', '내가 정말 싫다.' 등등 푸념을 늘어놓습니다. 누구나가 스스로 생각할 때 뿌듯한 일도 하지만 창피한 일도 곧잘 합니다.

이때 나 자신에게 주는 메시지가 중요합니다. 내 성과가 곧 나인 것은 아닙니다. 주변 다른 사람이 나에 대해서 갖는 생각이나 느낌도 물론 내 정체성이 아니죠. 내가 누구냐 하면, 나 자신이 나에게 붙인 꼬리표 같은 그런 사람입니다.

여러분이 어떤 잘못을 했다고 칩시다. 이때 나 자신에 대해서 '아, 이런 멍청이!'라고 생각하는 대신에 조금만 마음을 바꾸어서 '이번에는 아쉽게도 대단한 나답지가 않았어.'라고 생각하면 어떨까요? 별것 아닐 수도 있습니다만, 이것이 여러 달, 여러 해에 걸쳐서 수백, 수천 번이 더해지다 보면 스스로를 보는 관점이 바뀌어 있을 것입니다.

스스로를 규정하는 방식이 달라지면 다시 자신에 대한 기대치를 높이겠죠. 자신에 대한 기대가 행동을 바꿀 거고, 그 행동이 습관을 바꿉니다. 습관이 당신이라는 사람의 성격과 특성을 바꿀 거고, 그 성격과 특성이 당신을 다른 사람으로 만들 것입니다.

무의식에 호소할 적당한 이름이 떠오르지 않는다고요? 그럼 찰리의 이름을 빌려서 써보면 어떨까요? 찰리의 허락을 받은 것은 아닙니다만, 찰리처럼 '대단한' 인물이 속 좁게 굴지는 않을 겁니다. 기억하세요. 오늘 여러분은 어제와 같은 일을 하면서도 스스로를 '대단한' 사람이라고 생각합니다. 스스로를 '대단한' 사람으로 규정하는 겁니다. 얼마 지나지 않아 여러분의 안팎에서 어떤 변화가 감지될 것입니다.

찰리 존스 말 맞다나, 이런 대단한 인생을 한번 살아보는 것도 좋지 않을까요?

Today's the day!

휩쓸리지 않는
정신이 필요하다

Wisdom for Winners

누구나 자신의 삶에 대한 기대가 있고, 스스로 여기에 부응하는 삶을 살려고 합니다. 그런데 이러한 기대는 내 스스로 만든 것이기도 하지만, 타인이 내 앞에 놓아둔 것일 때도 많습니다. 조심해야 합니다. 그렇지 않으면 다른 사람의 전투에 쫓아다니느라 정작 내 자신의 전쟁에서는 패배하는 꼴이 되니까요.

그동안 사회적 압력과 미디어는 홍길동 같은 사람을 표본으로 세우고 그를 좇아야 한다고 부추겨왔습니다. 그가 누구죠? 분명한 건 내 이름이 홍길동은 아니라는 겁니다. 내가 그 사람이 아닌데 내 기준을 그에게 맞출 까닭은 없는 거죠.

저는 강연을 한 다음에 그 자리에 온 분들과 일대일로 그들의 일이나 삶의 목적에 관해 이야기합니다. 그런데 일하는 목적과 인생의 목표가 다 비슷하다는 인상을 받습니다. 마치 백화점에서 산 공장 물건처럼 말이죠. 외부의 주입과 압력을 훌훌 털어버리세요. 내 인생에서 정말로 중요한 게 뭔지 홀가분하게 돌아보는 거죠.

돈과 시간, 교육 같은 요소들이 인생을 사는 목적은 아닙니다. 절대로 무시할 수 없는 요소라는 건 모두가 잘 압니다. 하지만 이들 요소는 '어떻게 할 것인가'를 따질 때 필요한 것이지 '무엇을 할 것인가'를 결정할 때 앞세울 문제가 아닙니다.

다른 사람에게 나 자신을 최고로 멋지게 드러내기 위해서 우리는 너무 많은 시간과 정성을 들입니다. 하지만 남들은 내 생각만큼 나에게 신경 쓰지 않습니다. 이러한 사실을 안다면 남의 시선에 그렇게까지 연연해하지 않을 것입니다.

어떻게 하면 위대한 인생을 살 수 있을까요? 간단합니다. 위대한 날들을 진주 목걸이 꿰듯이 이으면 됩니다. 위대한 하루를 살았는지 어떻게 알 수 있느냐고요? 밤에 베개에 머리를 붙이고 누워 하루의 일을 돌아볼 때 만족감이 들면 됩니다. 오늘 내 삶의 목적을 얼마나 잘 좇았는지 돌이켜보면 됩니다. 거기다 그 목적이 올바른 것이라는 점에서도 확신이 든다면 금상첨화겠죠?

여러분 자신과 가족에게 정말로 유의미한 일에만 애를 쓰기 바랍니다. 세상 사람들이 동에 번쩍 서에 번쩍하는 홍길동을 쫓아 우르르 내달리더라도 휩쓸리지 마십시오.

Today's the day!

내 인생의
우선순위

―――――― *Wisdom for Winners* ――――――

우리는 보통 하루나 주간 단위로 스케줄을 챙깁니다. 해야 할 일들
을 어떻게든 일정표에 우겨 넣죠. 제대로 된 다이어리나 플래너를
쓰는 사람도 있고, 포스트잇 메모를 붙이기도 합니다. 설명하기 힘
든 애매한 관리 방식을 가진 사람도 있고요. 종이에 쓰든 주먹구구
든 어쨌든 각자의 방식으로 당일의 할 일 목록을 뽑습니다.

　보통 그날의 할 일 목록을 검토하면서 우리는 우선순위를 매깁
니다. 다시 말해 오늘 목록에 있는 일들 중에서 반드시 해야만 하는
일과 여차하면 나중으로 미룰 수 있는 일을 나누는 겁니다.

　최근에 저는 비즈니스 출장과 휴가를 겸한 여행을 갔습니다. 그
러다 보니 우선순위를 두고 심사숙고할 수밖에 없었죠. 업무 우선
순위도, 삶의 우선순위도 모두가 중요하니까요. 그 와중에 새삼 깨
달은 사실이 있습니다. 전반적으로 보니, 저에게 정말로 중요한 일
들은 그날그날의 우선순위에 좀처럼 포함되지 않더라는 겁니다. 누
락이 되는 게 당연할 정도로요. 실수를 깨달았습니다. 우선순위를

먼저 정해놓고 일정을 짠 게 아니라, 일정을 먼저 짜고 나서 우선순위를 정해왔던 겁니다. 이건 큰 차이가 있습니다. 여러분도 순서를 바꿔보길 바랍니다.

주말을 낀 사흘 휴가나 친구와의 특별한 점심 식사 같은 걸 고대하며 우리는 시간이 비기만을 얼마나 기다렸던가요. 시간은 절대로 그냥 나지 않습니다. 스케줄에 넣어야만 시간을 낼 수 있습니다. 이러한 까닭에 인간으로서 충실한 삶을 살고자 한다면 거기에 필요한 내 삶의 우선순위를 스케줄에 넣어야 합니다. 그것을 일정표에 일단 써넣고 나서 형광펜으로 칠합니다. 나머지 칸은 모두 다 업무 스케줄로 채워도 됩니다.

가족을 위한 시간과 같은 가치 있는 시간은 일정표에서 절대 건드리지 말길 바랍니다. 그러지 않으면 매일 해야만 하는 너무 많은 일들이 홍수처럼 우리의 삶을 집어삼킬 것입니다.

기억하세요. 어제는 흘러갔고 내일은 모르지만, 여러분의 지금 이 시간만큼은 하늘의 선물입니다. 알다시피 영어로 '현재present'는 '선물present'이라는 단어와 알파벳이 같죠. 선물 같은 지금을 살고, 선물 같은 미래를 살 수 있도록 잘 계획하세요.

Today's the day!

인생에서
꼭 필요한 것

Wisdom for Winners

대단한 일은 아닌데 돌이켜 생각해보니 그날 인생에 대한 관점이 바뀌었다, 그런 날이 제게도 있었습니다. 가족이 모여서 회의를 했습니다. 아흔이 넘은 할아버지가 더 이상 댁에서 혼자 지낼 수 없으니 실버타운에 모시자는 것이었습니다. 할아버지가 60년을 넘게 살아온 집에는 당연히 자잘한 집기와 아껴온 물건, 기념이 되거나 추억이 깃든 물건들로 가득했습니다.

마침내 이삿날이 되었습니다. 돌봐줄 가족이 더 많이 사는 다른 도시로 가기로 했죠. 이동 거리만 300킬로미터가 넘어서 편하게 타고 갈 차량이 필요했습니다. 여러분도 알다시피 저는 눈이 안 보여서 운전을 할 수 없습니다만, 감사하게도 리무진 한 대와 저 대신 운전을 해줄 기사가 있습니다. 그래서 할아버지를 당신의 물건들과 함께 모시라고 기사를 보냈습니다. 할아버지는 그 리무진에 이미 여러 번 탔었죠. 하지만 대공황 시절을 경험한 분이라 영 편하게 여기질 않더군요. 리무진은 공간이 굉장히 넉넉한 차량입니다만, 그럼에도 불구하고 할아버지의 물건을 과연 다 옮길 수 있을지 걱정이 되었습니다.

기사가 돌아와서 할아버지를 실버타운에 안전하게 모셔다 드렸다고 하더군요. 저는 할아버지 물건을 실을 공간이 부족하지 않았는지 물었습니다. 기사는 시원하게 웃으며 이렇게 답했습니다.

"상자 하나뿐이었습니다. 그냥 조수석에 놓고 운전했습니다."

실버타운에 전화를 걸었습니다. 할아버지에게 필요한 물건이 정말 다 있느냐고요. 직원은 그렇다며 저를 안심시켰습니다. 물론 그 후로 몇 달에 걸쳐 제 부모님이 할아버지가 아마도 필요로 할 것 같은 물건을 몇 가지 더 가져다드리긴 했습니다.

문득 이런 생각이 들었습니다. 평생에 걸쳐 하나둘 쌓인 물건들 중에서 정말로 내게 꼭 필요한 것은 어느 정도일까? 할아버지처럼 상자 하나가 전부일까? 스스로에게 물었습니다. 꼭 가져야 한다고 여겨온 것들 중에서 실제로 필요한 것은 뭘까? 우리가 구해온 많은 물건이 그저 미디어나 사회의 영업 품목은 아니었을까?

우리의 기본 욕구는 아주 단출합니다. 그것을 넘어선 물건은 케이크에 올린 장식 같은 것이 아닐까요? 아니면 너무 무거운 가방 같은 것이거나. 여러분이 물건을 소유하는 것인지, 아니면 물건에게 소유를 당하고 있는 건지 한 번쯤 생각해보았으면 합니다.

Today's the day!

지금도 좋지만
최고는 아직이다

Wisdom for Winners

대화나 편지의 말미에 언제나 "지금도 좋지만 최고는 아직이다The best is yet to come."라는 말을 덧붙이는 친구가 있습니다. 오랫동안 그래 왔죠. 그냥 하는 말이라고도 치부할 수 있지만, 이 말을 들으면 오늘 하루가 왠지 잘 굴러갈 것 같은 기분이 드는 것도 사실입니다.

고령화 사회가 되면서 나이 든 몸과 마음을 돌보는 문제가 화두로 떠오르고 있습니다. 삶의 질을 좌우하는 것은 육체와 두뇌의 나이가 아니라 생각의 나이, 더 나아가서 정신적 회춘의 문제일 것입니다. '젊은 꼰대'라는 말을 들어봤겠죠? 반대로 저 같은 사람도 있습니다. 여든이나 아흔 줄인데도 가슴 한가운데가 젊고 삶으로 충만한 사람들 말입니다. 이러한 차이가 왜 생길까요? "지금도 좋지만 최고는 아직이다."라는 친구의 말 속에 답이 있다고 생각합니다.

내 인생에서 최고의 나날과 최고의 것들이 이미 지나갔다고 믿기 시작할 때 삶을 대하는 태도도 늙게 됩니다. 그런 사람들은 내일에 대한 기대는 하지 않고 지난 기억을 파먹으며 삽니다. 반대로 나이가 몇 살이든 간에 "지금도 좋지만 최고는 아직이다."라고 치면, 정말로 말이 씨가 되어서 앞으로 인생의 전성기를 맞이할 수도 있을 겁니다.

앞에서도 말했듯이 행복의 세 가지 요소는 '할 일'과 '사랑하는 사람'과 '지향하는 대상'입니다. "지금도 좋지만 최고는 아직이다."라는 기대를 품고 사는 사람에게는 항상 지향하는 대상이 있습니다. 할 일과 사랑하는 사람을 찾는 일도 훨씬 쉽겠죠.

힘든 시간은 누구에게나 옵니다. 그 경험을 어떻게 보느냐에 차이가 있습니다. 어려움을 인생의 상수로 대하느냐, 아니면 변수로 대하느냐는 겁니다. 어려움이 변수라면 그것은 언제라도 흥미진진한 일과 더 나은 날들로 바뀔 수 있습니다.

기억하세요. 우리는 원하는 것, 필요한 것, 심지어 마땅히 얻어야 할 것도 항상 가지지는 못합니다. 하지만 바라는 것은 마침내 꼭 갖게 됩니다. 기대를 품고 오늘을 살기 바랍니다. 그러면 "지금도 좋지만 최고는 아직이다."라는 말을 스스로 증명하게 될 겁니다.

Today's the day!

세상에 남길
나의 유산

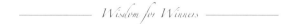

지난 두 주 동안에 아끼는 이를 셋이나 잃었습니다. 함께한 지난날을 돌아보며 장례식에 참석해 예배를 드리고 추도사를 읽었습니다.

오늘 아침에도 저는 일찍 일어났습니다. 매일 하는 운동 준비를 마치고 습관처럼 라디오를 켰습니다. 음악이 흘러나왔습니다. 조지 해리슨의 유명한 곡인 〈Something 〉. 프랭크 시나트라 같은 명가수도 극찬했던 노래입니다. 다음에 나온 노래도 조지 해리슨의 것이었는데, 또 다른 명곡 〈Here Comes the Sun〉이었습니다. 이 노래를 들으면 언제나 긍정적이 되고 희망이 솟습니다. 조지 해리슨 특집인가 했습니다. 〈While My Guitar Gently Weeps〉까지 흘러나왔습니다. 이 노래에서는 조지 해리슨이 에릭 클랩튼과 함께 기타를 연주했죠. 멋진 선율이 아무리 들어도 질리지 않아서 많이들 그 매력에 빠졌습니다. 이 노래로 기타를 처음 배운 분도 적지 않을 겁니다. 라디오에서 노랫소리가 천천히 잦아들었습니다. 진행자가 낮은 목소리로 말했습니다.

"지난밤에 조지 해리슨이 58세의 일기로 세상을 떠났습니다."

조지 해리슨은 비틀즈 멤버 네 명 중 가장 어렸고, 이름도 가장 덜 알려졌을 것입니다. 열세 살에 처음으로 기타를 잡고, 몇 년 뒤에 존 레논에게 기타를 가르쳐주었다고 합니다. 그들의 기타 협주는 정말로 정석 같은 연주였죠. 여러분이 조지 해리슨의 음악을 좋아할 수도 그렇지 않을 수도 있습니다만, 적어도 그가 세상에 커다란 유산을 남겼다는 사실은 부인할 수 없을 것입니다.

각 세대마다 극소수의 사람만이 동시대인의 사상과 감성, 정신을 구현해냅니다. 조지 해리슨도 그걸 해낸 사람입니다. 앞으로 어떻게 될지 모를 21세기에도 사람들은 그의 노래를 들을 것입니다. 역사가 긴 관점으로 그와 그의 업적을 평가하겠지요. 시간의 반향이 그가 역사책의 올바른 자리에 안착하도록 도울 것입니다.

세상에 영원한 건 없고, 시간은 계속 흘러가고, 우리들도 각자 세상에 유산을 남길 수 있도록 애써야 한다는 사실을 아는 것이 여러분과 저에게는 중요합니다. 그래서 세상을 바꾸느냐 마느냐보다 결국에 더 중요한 것은 여러분 주변의 삶을 어떻게 바꾸느냐 하는 것입니다. 실제로 우리 모두는 매일 주변 사람들을 만나면서 영향을 주고 세상을 바꾸고 있습니다.

영원히 살 것처럼 꿈을 좇고, 마지막 날을 사는 것처럼 세상에 남길 유산을 고민하기 바랍니다.

Today's the day!

빈 땅에
주춧돌부터 놓기

Wisdom for Winners

여러 해 전의 일입니다. 어린이 청중을 대상으로 이야기를 들려주던 중에 예상치 못한 질문을 받았습니다. 지금껏 한 번도 시도하지 않은 일을 팔다리를 쭉 뻗는 기분으로 해보라고 독려하는 중이었지요. 활달해 보이는 어느 소년이 묻더군요.

"스토벌 아저씨는 그런 거 없으세요? 하고는 싶은데 하지 않았던 일이요."

그 질문에 답을 하는 건 어렵지 않았습니다. 저는 항상 시를 써보고 싶었거든요.

그러자 소년은 씩 웃어보이더니 제 말을 앵무새처럼 저에게 돌려주었습니다.

"지금껏 한 번도 시도하지 않은 일을 팔다리를 쭉 뻗는 기분으로 해보세요."

부끄럽지만 제가 처음으로 쓴 시를 들려드리려고 합니다. 그 후로 여러 편의 시를 더 썼답니다. 그 아이 덕분입니다.

꿈을 꾼다면 장대한 꿈을 꾸게 하소서
웅대한 사상, 높은 이상
나를 던져 애쓸 만한 꿈을 꾸게 하소서

애를 쓴다면 온 힘을 쏟게 하소서
나 자신과 나라는 존재를 던져
장대한 꿈을 찾아 길을 떠나게 하소서

넘어진다면 넘어지되 굴하지 않게 하소서
매일매일 배우고 성장해서
새로운 나로 다시 일어나게 하소서

이긴다면, 반드시 이긴다면
명예롭게 겸손하게 감사히 이기게 하소서
나에게 달콤한 승리를 준 모두를 위해

우리가 부여받은 삶이라는 텅 빈 공터에
주춧돌 네 개를 놓습니다

꿈을 꾸고,
애를 쓰고,
넘어지되 굴하지 않고,
반드시 이기는,

주춧돌 네 개

평범한 사람은 빈 땅에 앉아 무용한 고민을 하고
비범한 사람은 빈 땅에 주춧돌 네 개를 놓고
배움과 치유의 성전을
지어 올립니다.

이 지혜를 아는 자가 놓은 주춧돌 네 개
하나님이 원하는 모든 바를 이뤄주실 것입니다.

Today's the day!

장벽 너머에 있는
멋진 순간을 보라

사람의 마음에는 언제나 공포가 자리합니다. 이 두려움은 어떤 일을 하게도 만들지만 반대로 어떤 일을 하지 못하게도 합니다. 대부분의 공포는 자연스럽고 정상적인 반응입니다. 하지만 가끔은 스스로 물어야 합니다.

"지금 내 두려움이 과연 합당한 것일까? 내가 곤란에 빠지지 않도록 돕는 두려움일까? 아니면 비이성적인 생각이어서 내가 해야만 하는 일을 못하게 가로막고 있는 건 아닐까?"

비행 공포증을 가진 사람이 많습니다. 이륙 직전에만 불안감을 느끼는 경증부터 공항에 가기도 전에 식은땀을 흘리는 중증까지 정도도 다양합니다. 비행에 약간의 두려움을 갖는 것은 괜찮습니다. 금속으로 만든 그 무거운 기계 덩어리가 사람을 가득 태우고 하늘로 솟아오르는데 마음이 너무 편하면 그것도 좀 이상하지요. 적당한 수준의 우려나 주의, 사전 계획은 필요할 겁니다. 다른 한편으로 비행에 대해 근거가 빈약한 비이성적인 공포 때문에 현대 항공 여행의 모든 장점과 혜택을 포기한다면요? 아마도 다시 생각해볼 필요가 있지 않을까요?

저는 스카이다이빙이 무섭습니다. 인정합니다. 비행기에서 뛰어내려 낙하산이라는 천 쪼가리에 목숨을 걸다니요. 왜 그래야 하죠? 하지만 제가 살면서 스카이다이빙을 꼭 해야만 한다거나 그걸 못해서 아쉬울 일은 없을 것이기에, 거기에 대한 두려움은 유의미한 측면에서 저에게 아무런 영향도 미치지 않습니다. 하지만 만약에 제가 새로운 사람을 만나거나 새로운 장소에 가는 걸 두려워한다면 어떨까요? 그러면 문제가 됩니다. 제 열정과 꿈을 좇으려면 그 공포와 맞서야 할 것입니다.

정리를 하자면 이렇습니다. 공포의 대상이 내가 목적하고 추구하는 것과 관련이 있는지, 혹은 아닌지로 판별합니다. 마음에 쌓인 장벽 때문에 최선의 인생을 살지 못한다고 판단이 된다면 장벽에 손을 봐야지요. 어릴 적을 떠올려보기 바랍니다. 다이빙대에서 뛰어내리거나, 자전거를 타거나, 학교에 혼자 등교하는 것을 무서워하진 않았나요? 그 시절에 그것은 진짜 두려움이 맞습니다. 그래서 굴복했나요? 굴복했다면 얼마나 많은 것을 놓쳤을까요? 공포의 장벽이 운명 앞에 가로놓여 있다면, 그 너머에 있을 멋진 일을 떠올려보기 바랍니다.

Today's the day!

과거로 미래를
재단하지 마라

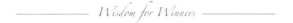

여기저기로 항상 출장이나 여행을 다녀야 하는 저는 개나 고양이를 키우지 못합니다. 하지만 얼마 전부터 집에 수족관을 설치하고 커다란 대형 어종의 열대어 한 마리를 돌보고 있지요. 뿌듯합니다. 최근에는 수족관 크기가 물고기 몸집에 비해서 조금 작은 것 같다는 조언을 듣고 수족관을 새로 짜서 헤엄칠 공간을 두 배로 늘려주었습니다.

새 수족관에 필요한 용구를 달고 약품 처리를 한 다음에 시간을 정해서 거창한 '입수식'을 거행, 그러니까 새집으로 이사를 시켜주었습니다. 전에 살던 어항에 비해서 두 배나 널찍한 공간임에도 불구하고 열대어는 계속 구석의 작은 공간만을 맴돌더군요. 작은 집에서 사는 데 익숙했기 때문입니다.

사람도 사적 영역이나 일에서 같은 실수를 범하곤 합니다. 과거의 경험으로 미래를 제약하고, 우리의 용적도 늘거나 확대될 수 없다고 지레짐작하는 겁니다. 익숙한 경로를 따르는 마음의 근거는 단지 그것이 익숙하기 때문입니다. "항상 이런 식으로 해왔다"라는 말이 걸핏하면 나옵니다.

열대어가 천천히 자신의 지평을 넓히고 새로운 공간을 돌아다니기까지는 며칠이 걸렸습니다. 몇 주 후에야 적응을 완전히 끝마쳤습니다. 저는 즐거운 마음으로 이 사실을 주변 사람들에게 알렸습니다. 이제 그 녀석에게는 새로운 용적이 당연한 것이 될 겁니다. 앞으로 설령 더 큰 수족관을 만들어서 옮긴다고 하더라고 이번과 같은 성장통을 겪으면서 또 적응할 것입니다.

과거의 손바닥만 한 성공이 미래를 제약할 수 있습니다. 작은 성공만 하다가 큰 성공을 하게 되면 그 성공의 과정을 되짚어보느라고 너무 많은 시간을 보냅니다. 정작 해야 할 일은 미래를 바라보며 어떻게 오늘보다 더 나은 내일을 만들 수 있을지 탐구하는 것인데 말입니다.

역사에서 배워야 하며, 지난 일들을 토대로 삼아야 합니다. 하지만 과거로 미래를 재단하는 일만은 절대로 하지 말아야 합니다. 매일매일 백지에서 시작하기를 바랍니다. 오늘부터 인생을 새로 산다는 마음으로요.

Today's the day!

우리가 사는 건
내일이 아닌 오늘

Wisdom for Winners

제 칼럼을 꾸준히 읽어온 사람이라면 제 글이 매번 "Today's the day!"라는 말로 끝나는 것을 눈치챘겠지요? 어제는 지나간 기억에 불과하고 내일은 희망찬 약속에 지나지 않음을 잊지 말라는 뜻입니다. 나는 유일무이하며, 나라는 존재는 오늘을 삽니다.

지금 이 순간을 산다는 개념이 서구 문명에는 잘 뿌리내리지 못했습니다. 우리는 어제 일을 걱정하고 내일 일을 계획하는 데 너무 많은 시간을 보내느라 오늘을 사는 데 실패합니다.

목적을 가지고 살라는 말을 합니다. 이 말은 당신이 하고 있는 일에 온몸과 마음과 정신을 다하라는 뜻입니다. 어떤 일을 할 때는 다른 일은 생각하지 않는 편이 좋습니다. 내 앞에 닥친 순간을 더 잘 살아내기 위한 의식적인 노력, 이것이 내가 맡은 과업을 더 잘하게 하고, 나아가 내가 시간을 쏟기로 결정한 일이 정말로 중요한 일이 맞는지 따져보게 만듭니다.

그렇다면 우리는 왜 마음이 과거나 미래를 방황하게 놔두는 건 까요? 그 이유 중 하나는 일상에서 반복되는 하나 마나한 일로 하루를 보내는 데 죄의식을 느끼기 때문일 겁니다. 그런 일을 어쩔 수 없이 해야 할 때도 있습니다만, 시간 낭비라고 느껴진다면 가능한 한 하지 않으려고 노력하는 게 맞습니다.

나를 완전히 연소하는 삶, 그런 멋진 인생은 어디 따로 있는 게 아니라 매일, 매주, 매달, 매년을 자신의 최대한으로 살아낼 때 자연히 이루어집니다.

우리는 미래를 그리면서 자신에게 대단히 의미 있는 일만을 생각하는 경향이 있습니다. 하지만 내가 오늘 수행하는 유의미한 일이 바탕이 되지 않으면 의미 있는 미래라는 것도 없습니다. 내가 정말로 사는 건 오늘 이 순간뿐이라는 것을 기억하기 바랍니다.

Today's the day!

가장 가치 있는
것이 무엇인가

미국 서부 시대를 그린 영화를 보면 포장마차가 자주 나옵니다. 개척자들은 마차 짐칸에 포장을 두른 뒤 가족과 재산을 싣고서 미지의 땅으로 들어갔습니다. 미국 어느 땅이든 간에 그곳에 처음 들어간 정착민을 봤다면 그 몰골이 피난민과 같았을 것입니다. 그러나 비전과 용기를 품은 그 개척자들 덕분에 오늘날 미국이 있습니다. 그리고 우리는 여전히 그들로부터 배울 게 많습니다.

초기 마차 행렬의 방어 방식도 그중 하나입니다. 같은 방식을 우리의 삶과 비즈니스에도 적용할 수 있습니다. 꼬리를 물고 달리던 마차 행렬은 공격을 받으면 종대에서 원형으로 대형을 재편했습니다. 마차 여러 대를 붙여서 똬리처럼 말아두고, 그 안쪽에 노약자와 가장 소중한 재산을 놓는 겁니다. 필요하다면 희생할 수도 있는, 상대적으로 가치가 덜한 물건들로 벽을 친 것이지요.

포장마차에 실린 물건치고 소중하지 않은 게 있었을까요? 그럼에도 불구하고 가치 서열은 있었겠지요. 1순위가 가족, 2순위가 집안의 가보와 귀금속입니다. 이것을 지키기 위해서라면 유용한 연장과 도구, 심지어 마차까지도 기꺼이 희생했습니다.

여러분도 머릿속으로 비슷한 실험을 해볼 수 있습니다. 집에 불이 났다고 상상하고, 실제로 꼭 챙겨서 빠져나올 열 가지만 골라보세요. 평소에 애지중지하던 것일 수도 있지만 비교적 그렇지 않았던 것일 수도 있습니다. 이렇게 개인적으로 긴급한 사태나 비즈니스에서의 위기 상황을 이따금 상상해보면, 여러분이 꼭 주변에 두어야 할 만큼 믿을 수 있는 사람이 누구이고 가치 있는 물건이 무엇인지 재발견하게 될 것입니다.

저는 미국 역사 초기의 산사람들을 떠올립니다. 그들은 지역에 정착촌이 생기기 훨씬 전에 로키산맥을 자유롭게 돌아다녔습니다. 거의가 미답의 장소였습니다. 거치적거리는 것 없이 아름다운 산길을 걸었겠지요. 그런데 나이를 먹으면서 재산이 생기고, 물건을 소유하면서부터는 아름다운 산길을 걷는 대신에 마차를 이용해서 황량한 도로를 따라 지역을 옮겨 다녀야 했습니다. 마차를 몰며 저 멀리 보이는 산꼭대기를 응시하고 이런 생각을 하진 않았을까요? 물질적인 것 몇 가지를 얻고자 한 모험이 나의 삶의 경로를 바꾸어놓았다고요.

주의하지 않으면 내가 희생시킨 것보다 중요하지 않은 관계와 물건을 얻어내고 지키느라 애쓰는 바보가 될 수 있습니다. 헛된 모험을 하는 셈이지요.

Today's the day!

매일 자서전을 쓰는
마음으로

Wisdom for Winners

저는 책 추천을 웬만해서는 하지 않습니다. 자기 열정을 좇는 데 도움이 되는 책을 스스로 찾아 읽으라는 뜻입니다. 하지만 오늘은 제가 최근에 읽은, 아니 들은 책을 꼭 소개하고 싶습니다. 경제 대공황과 2차 세계대전 시기를 다룬 톰 브로코Tom Brokaw의 책《위대한 세대The Greatest Generation》와《위대한 세대가 보내온 편지The Greatest Generation Speaks》입니다.

이 두 권의 책은 그 시대를 직접 산 사람들뿐만 아니라 그들 손에서 자라난 자녀 세대에게도 그때를, 최고인 동시에 최악이었던 그 시대를 돌아보는 멋지고 신선한 여행이 될 것입니다. 그보다 더 후대의 독자라면 지금의 미국을 건설한 이들의 기질과 투지, 진심을 통해 그 시대를 만나는 좋은 계기가 될 것입니다.

책에는 대공황과 2차 세계대전에 휩쓸린 사람들의 이야기가 담겨 있습니다. 그들은 역사의 주인공이지만 당시에는 그 사실을 인지하지 못했습니다. 그저 제 할 일을 할 뿐이라고 여겼습니다.

우리 또한 하루하루 일상을 이어가면서 우리 자신이 살고 있는 시간과 장소의 중요성을 좀처럼 깨닫지 못합니다. 한 명 한 명 매일 자서전을 쓰고 있는 셈이지만 그런 식으로는 생각하지 않습니다. 어느 날 신문에서 친구나 지인의 부고를 읽는, 그런 일이 닥치고 나서야 '아!' 하고 인생 전체를 한눈에 넣고 살피게 됩니다.

만약에 여러분의 인생이 역사의 일부로 남는다는 것을 안다면, 적어도 내 삶이 끝났을 때 사랑하는 사람이 내 부고를 읽을 것임을 안다면 오늘의 삶을 어떻게 다르게 살겠습니까? 내가 매일 하는 일이 그저 밀물과 썰물 같은 게 아니라 역사라는 길에 남기는 한 걸음, 또 한 걸음이라고 상상해보길 바랍니다. 그 길의 어디가 역사적으로 중요한 지점인지는 그곳을 한참 지나가고 나서야 알게 됩니다. 지나고 나서는 어떤 표식을 새기거나 족적을 다르게 남기고 싶어도 그럴 수가 없지요. 그러니 일단은 여러분이 노력을 쏟기로 마음을 정한 모든 일이 역사에 영향을 미치는 중요한 일이라고 여기십시오. 작은 일에 충실하다 보면 큰일은 자연히 자리가 잡힙니다.

평소에 하는 일에서 이러한 종류의 열정과 의미를 느끼지 못한다면 새로운 일을 찾아야 합니다. 아니면 자신이 걷는 길에 대한 새로운 태도를 가져야겠지요. 여러분의 이름이 적힌 부고를 사람들이 읽고, '아, 이 사람은 세상에 어떤 흔적을 남겼을까?' 생각할 날이 올 겁니다. 그날에 이르러 다르게 살자면 너무 늦습니다. 흔적은 남길 수 있을 때 남겨야 합니다.

Today's the day!

고난 속에
숨겨진 선물

Wisdom for Winners

제가 쓴 책 중에 《최고의 유산 상속받기*The Ultimate Gift*》가 있습니다. 우리 삶을 완전하고 충만하게 만드는 열두 가지 선물을 발견하는 내용의 소설입니다. 사람들은 '가족이라는 유산'이나 '친구라는 유산'이나 '돈이라는 유산' 같은 건 바로 이해를 합니다. 하지만 처음 들었을 때 바로 이해를 못 하는 유산 하나가 있습니다. '고난이라는 유산'입니다.

모든 비극과 모든 고난에는 앞으로 더 나은 열매를 맺을 수 있는 선물 같은 씨앗이 들어 있습니다. 저는 이것을 '역경의 역설'이라고 부릅니다. 힘들 때 특히 잊지 말아야 할 중요한 사실이지요.

2001년 9·11 테러가 일어났습니다. 모두가 엄청난 고통과 비통함을 느꼈습니다. 그런데 그 참담함 속에도 숨겨진 선물은 있었습니다. 그때 가족과 친구가 더 가깝게 느껴지지 않았습니까? 그때 애국심에 불타지 않았던 사람이 있나요? 나라에 대한 자긍심이 또렷해지지 않던가요? 한마음으로 경찰관과 소방관, 응급대원들의 헌신과 노고에 박수를 보내지 않았나요?

피해는 발생했습니다. 죽음과 파괴는 되돌릴 수 없습니다. 우리가 헌신할 수 있는 일이란 단지 우리의 삶과 우리가 가진 자유를 소중하게 여기면서 다시 씩씩하게 발걸음을 내딛는 것뿐입니다.

분별없는 행위로 우리의 정신과 자유를 파괴하려고 했던 이들은, 의도치 않게도 자유를 구하고 평화를 사랑하는 전 세계 모든 이들에게 그 가치를 더 깊이 일깨워준 셈입니다.

역경의 역설에 있어서 기억해야 할 중요한 사항이 있습니다. 역경에 숨겨진 선물은 가만히 있으면 보이지 않습니다. 찾아야만 모습을 드러냅니다. 역경에 어떻게 반응하느냐가 모든 차이를 만들어냅니다. 상황에 굴복하는 사람이 있습니다. 하지만 같은 상황에서도 그것에 맞서 숨겨진 선물을 찾고, 더 강하고 나은 사람이 되어서 자신의 운명을 또렷이 응시하며 나아가는 이도 있습니다.

오늘, 힘든 상황에 처해 있다면 여러분도 역경의 역설을 만들어보길 바랍니다.

Today's the day!

하루라는
특별한 유산

〈그날 이후로 모든 게 달라졌어요What a Difference a Day Makes〉라는 옛 노래를 알고 있나요?

어떤 하루 이후로 인생이 완전히 달라질 수 있습니다. 과거를 돌이켜보면 지금의 여러분을 있게 한, 어떤 전환점이 된 날이 있을 것입니다. 결혼한 날일 수도, 학교를 졸업한 날일 수도, 아니면 새 일을 시작한 날일 수도 있겠지요. 이렇게 몹시도 중요한 어떤 날은 그냥 닥쳐오기도 하지만 여러 해에 걸쳐 계획하고 노력한 결과일 수도 있습니다. 우리는 결정적인 일이 아무것도 일어나지 않은 날을 '평범한 날'이라고 부릅니다. 그렇지만 올바른 경로에 있고 올바른 목적지를 향해 가는 사람이라면 평범한 날들도 중요합니다.

저는 농구 경기 중계를 듣는 걸 좋아합니다. 막판까지 아슬아슬해서 손에 땀을 쥐는 경기들이 있습니다. 마지막 몇 분 동안 두 팀이 점수를 주거니 받거니 하다가, 경기가 끝나는 그 순간에 던진 슛 하나가 승부를 가릅니다. 이때의 득점이 이른바 '우승 골'입니다. 그런데 가만히 생각해보면, 경기 개시 팁오프^{tipoff}부터 마지막 부저가 울릴 때까지 득점한 모든 골로 경기를 이긴 것입니다. 마지막 득점에 대해서 우리가 이상하게 의미를 부여하는 것일 뿐이죠.

여러분이 결승점을 통과하고, 목표에 도달하고, 분기점을 지난 그런 날이 있을 겁니다. 네, 이런 날들은 특별한 날입니다. 축하해야 마땅합니다. 그런데 "천 리 길도 한 걸음부터"라는 속담을 잊지 말길 바랍니다. 천 리 길의 한 걸음 한 걸음을 모두 즐기면서 음미하고 경험하기를 바랍니다.

'하루라는 유산'은 저의 책 《최고의 유산 상속받기》와 영화 〈최고의 유산〉을 통해 소개한 여러 가지 특별한 선물 중 하나입니다. 오늘 특별한 유산을 찾는 여행을 함께 떠나보는 건 어떨까요?

Today's the day!

우리의 꿈은
아직 유효하다

Wisdom for Winners

우리의 인생은 꿈으로 채워집니다. 꿈을 좇는 삶을 산다면 정말 다행이라고 할 수 있습니다. '조용한 절망quiet desperation'이라는 말로 대변되는 불안하고 방황하는 인생을 사는 이들도 많으니까요.

제가 말하는 꿈은 백일몽이나 공상이 아닙니다. 누구에게나 그런 생각이 잠깐 스칠 때가 있긴 하지요. 내가 뉴욕 양키스나 LA 다저스의 경기장에 선다, 그것도 월드시리즈 마지막 경기에! 그런 꿈이 아닙니다. 내 인생이 앞으로 어떻게 전개될 수 있을까, 어떻게 되어야만 하는지를 시각화하는 꿈, 그런 꿈에 관해 이야기하고 싶은 것입니다.

어릴 때는 참으로 되고 싶은 것도 많고, 하고 싶은 것도 많고, 갖고 싶은 것도 많지요. 청춘의 꿈들입니다. 자기 운명을 그려보는 시각화라고 할까요. 어른이 되고 사회생활을 하면서 우리는 꿈을 하찮게 여기거나 완전히 잊습니다.

어렸을 때 그려내는 꿈이란 세상의 모든 가능성 가운데 있는 하나의 선택지입니다. 그런데 나이가 들면서는 꿈을 꾸는 능력이랄까, 꿈의 용적을 지금 내가 가진 능력의 한계에 맞춰서 축소합니다. 여러분이 깜짝 놀랄 만한 사실을 알려드리겠습니다. 지금까지 살면서 여러분이 꾸었던 꿈 중에서 가장 큰 꿈도 여전히 유효하며, 그것은 아직 가능성의 영역에 그대로 있습니다.

저는 크리스마스부터 새해 연휴까지의 일주일 정도를 제 꿈과 목적을 다시 잇는 기간으로 삼습니다. 평소에는 1년 내내 눈앞의 일들로 너무 바빠 이렇게 중요한 생각에 전념하기가 힘들기 때문입니다. 사느라고 바빠서 삶을 만들어내는 그 중요한 일을 잊은 것입니다. 우리의 삶은 연습 경기가 아닙니다. 슈퍼볼과 월드시리즈와 올림픽을 다 합친 경기 같은 것입니다. 이런 삶에 마땅히 쏟을 힘과 열정이 증발된 것처럼 느껴지지 않는다면, 다시 오래된 꿈에서 먼지를 털어낼 시간이 온 것입니다. 여러분의 꿈이 실현될 특별하고 충만한 장소를 이 세상에서 다시 찾아볼 때입니다.

Today's the day!

치유의
원리

Wisdom for Winners

최근에 저는 치유의 기술, 치유의 과학이랄까요, 그런 것을 공부했습니다. 치유라고 하면 보통은 아픈 몸을 낫게 하는 것이라고 생각합니다. 육체적 측면도 분명히 치유의 중요한 일부이긴 합니다만, 그것만으로는 수박 겉핥기에 불과합니다. 치유를 단지 잃어버린 무언가를 되찾는다는 관점에서만 보면 훌륭한 교훈과 엄청난 가능성을 놓치고 맙니다. 신체나 일상생활 혹은 일과 관련한 문제, 아니면 다른 어떤 영역에서든 큰 고난을 겪은 이들의 이야기에 귀를 기울이다 보면 예외 없이 이런 말을 들을 수 있습니다.

"온전한 원래 상태로 돌아갈 수도 있고, 그러지 못할 수도 있어."

하지만 아픔을 극복하는 와중에 더 나은 길로 들어설 수 있도록 하는 것이 치유의 중요한 본질 중 하나입니다. 10대 시절의 몸을 다시 갖고 싶지 않은 사람이 어디 있겠습니까마는, 그때로 돌아가서 그 시절의 다른 일까지 모두 다시 겪고 싶은가요? 그때와 지금 사이에 있었던 힘든 일들도요? 아마 고개를 절레절레 젓겠지요. 하지만 더 나아질 기회에는 고개를 끄덕일 것입니다.

주식시장은 롤러코스터를 타는 것처럼 출렁입니다. 높은 산의 급경사면 같기도 하지요. 엄청난 금전적 손실을 보기도 합니다. 이 것을 일종의 '수업료'로 생각하고 배우면서 성공하려는 사람은 잘 해나갈 겁니다. 하지만 온 정신이 본전을 찾는 일에만 매몰된 사람은 십중팔구 실패합니다. 시간을 두고 만회를 하더라도 처음 시작한 자리로 돌아가는 데 성공할 뿐입니다.

삶의 모든 역경에는 상응하는 교훈이 있고, 더 나은 열매를 맺을 씨앗이 숨어 있습니다. 아픔을 받아들이고 헤쳐 나가는 거죠. 이러한 치유는 단순한 회복이 아닙니다. 내 안에 가지고 있는 위대한 역량을 발휘하게 해줄 삶의 교훈을 얻는 과정입니다.

우리 모두의 내면에 있는 지혜와 인내, 강인함은 평소에는 좀처럼 드러나지 않다가 고난을 헤쳐 나가는 과정에서 드러납니다. 상황이 좋을 때 자신의 최고를 보여주는 사람은 그리 많지 않습니다. 비극이 닥치고 장애물이 생겨야 초인적인 자질이 표출됩니다. 지금 여러분이 질병이나 스트레스, 아픔, 혹은 어떤 장애에 직면해 있다면 그 경험을 껴안으며 스스로에게 이렇게 묻기를 바랍니다.

"여기서 얻는 교훈은 무엇이며, 어디에 가능성의 씨앗이 숨어 있을까?"

Today's the day!

걱정을
집어넣는 상자

Wisdom for Winners

수많은 걱정거리들 중에서 어떻게 해볼 수 있는 것만이 고민의 대상이 되어야 합니다. 걱정은 그것 자체로 정신을 흐트러릴 뿐 아무 도움도 안 됩니다. 반면에 어떤 문제는 고민을 통해 신선한 해결책이 나올 수도 있습니다.

어느 노승의 이야기가 생각납니다. 노승은 아직 내공을 쌓지 못한 젊은 스님들이 수련에 전념할 수 있도록 도와주고 있었지요. 소승 한 명이 찾아와서 물었습니다.

"마음에 걱정이 너무 많아서 계속 딴생각만 납니다. 어찌해야 좋을까요?"

노승은 그 말을 듣더니 무언가를 가지고 왔습니다.

"너에게 선물을 하나 주겠다. 내가 네 나이였을 때 스승님께 받은 거란다. 이것 덕택에 나는 정신을 흐트러트리지 않고 평생 평화롭고 고요하게 살 수 있었다."

그것은 낡은 나무 상자였습니다. 뚜껑에는 투표함처럼 길고 가는 구멍이 있었지요. 어린 스님은 의심을 감출 수 없었습니다.

"스님, 이런 상자로 정말 제 모든 걱정을 없앨 수 있겠습니까?"

노승의 설명은 이러했습니다.

"이 상자는 도구다. 모든 도구가 그렇듯, 제대로 쓰는 사람이 사용한다면 효과가 있고 쓸모가 있을 것이다."

상자의 쓸모는 모든 걱정을 담는 데 있다고 하였습니다. 어떤 문제나 걱정거리나 곤란한 일이 생기면 당면한 그 문제를 단순히 종이에 적어서 상자에 집어넣는 것이지요. 그리고 일주일에 하루를 정해서 아침에 상자를 열고 모든 종이를 들여다보는 겁니다. 노승도 그 일을 40년 넘게 했는데 대부분의 문제나 걱정은 일주일이 다지나가기도 전에 스스로 풀렸다고 합니다.

우리의 문제나 걱정은 셋 중 하나입니다. 첫째, 어떻게 해볼 여지가 없는 것, 둘째, 내가 걱정을 하든 하지 않든 스스로 풀리는 것, 셋째, 어떻게 해볼 여지가 있는 것입니다. 마지막 부류의 문제나 걱정에만 집중해야 합니다. 내 힘을 비생산적인 걱정에서 생산적인 고민으로 옮기는 것입니다.

평소에는 걱정을 하지 말라고 권합니다. 걱정은 일주일에 단 한 번만 하는 것으로 일정을 정해놓습니다. 이렇게 생산적인 고민에 집중한 다음, 무언가 해결책이 보이면 즉각 행동으로 옮기는 게 핵심입니다.

Today's the day!

전력을 다하는
인생의 경주

Wisdom for Winners

전설적인 레이서 데일 어너트Dale Earnhardt가 자동차 경주 중 발생한 사고로 사망했습니다. 평소 레이싱 스포츠의 팬이든 아니든 간에 이 끔찍하고 비극적인 사건으로 많은 사람들이 충격을 받았습니다.

데일 어너트의 사망 이후로 자동차 경주의 안전과 관련한 설왕설래가 자주 들립니다. 너무 위험하다, 아니다, 그의 정확한 사인이 충돌 사고가 맞느냐, 아니냐 하는 것들이죠. 저까지 말을 보태고 싶지는 않습니다. 자동차 경주의 가치나 안전에 관한 문제, 자동차가 폭발하거나 대파된 사고도 아니었는데 왜 사망에까지 이르렀느냐 하는 문제도 제가 건드릴 성격의 것이 아닙니다. 저는 다만 데일 어너트가 삶을 탐구한 자세, 그를 아는 사람들과 세상에 어떤 영향을 끼쳤는지에 대해서만 이야기하고 싶습니다.

데일 어너트는 그가 살아온 방식 그대로 죽었습니다. 자신의 열정을 좇다가, 자신이 정상에 선 스포츠 경기에서 겨루다가 죽었지요. 만약에 자동차 경주가 없었더라면 그가 여전히 살아 있을 것이라고 이야기하는 사람도 있습니다. 그렇지만 데일 어너트가 레이서 라는 꿈을 향하지 않았더라면 사람들이 지금처럼 그를 사랑하게 되었을까요?

사고 이후에 그를 기억하고 추모하는 이런저런 말들을 들으며 저는 그것을 관통하는 하나의 정서를 발견했습니다. 어쩌면 그 스스로도 바랐을 것 같은 방식으로 죽음을 맞이했다는 것입니다. 그가 특정한 어떤 방식의 죽음을 동경했다거나, 일반인들만큼 삶을 소중히 여기지 않았다는 말이 아닙니다. 그가 아는 단 하나의 방식으로, 그러니까 전력을 다해 '올인'해서 겨루던 중에, 꿈을 향해 달리다가 이 세상을 떠났다는 뜻입니다.

앞으로 자동차 경주를 더 안전한 스포츠로 만들기 위한 노력이 있을 것입니다. 여러분도 인생을 경주할 때 안전벨트를 꼭 매고, 모든 상식적인 사고 예방 조치를 취하길 바랍니다. 이 세상을 살아서 떠날 수 있는 사람은 없습니다. 어떻게 죽느냐보다 어떻게 사느냐가 훨씬 더 중요합니다. 이것이 오늘의 결론입니다.

매일매일이 선물이고, 우리에게 주어진 시간이 언제 다할지는 절대로 알 수 없습니다. 우리도 이 땅에서 보내는 마지막 날을, 좋아하는 일의 운전대를 잡고 열정을 연료처럼 태우다가 맞이하면 좋겠습니다. 그것이 데일 어너트를 추모하는 우리의 작은 노력이 아닐까요?

Today's the day!

어디로 가든지
상관없다고?

이 세상에서 당신은 무엇을 하고 있습니까? 사람들은 마치 빗겨가는 과녁을 향하는 화살과도 같은 인생을 삽니다. 그리고 매일 그런 이들을 만납니다. 《이상한 나라의 앨리스》에서 체셔 고양이가 이런 말을 하지요.

"어디로 가고 있는지 모른다면 어느 길로 가든 아무 상관이 없는 것 아니야?"

여러분 한 명 한 명에게는 평생에 걸쳐 해야 할 일이나 특별한 꿈이 있습니다. 자신의 일에 열정을 가진 이들이 있습니다. 이런 사람을 관찰하는 것은 재미있습니다. 그들이 가진 기쁨과 에너지는 전염성이 있습니다. 한편 자신의 일에 어떤 열정도 없는 사람이 있습니다. 이들의 태도도 전염성이 있습니다. 긍정적이지 않다는 게 문제입니다.

여러분의 운명은 어쩌면 완전히 다른 방향에 있을지도 모릅니다. 아니면 지금의 경로에서 멀지 않을 수도 있겠지요. 이런 경우라면 발을 살짝만 트는 것만으로도 목적지에 당도한 것입니다. 운명을 찾았는지 어떻게 아냐고요? 내 발에 딱 맞는 신발을 신었을 때와 같습니다. 그냥 느낌이 옵니다.

오늘날의 스포츠 세계는 돈 잔치와 장삿속, 선수들의 인성 문제로 눈살을 찌푸리게 합니다. 그런데 이 바닥에도 단순무식하게 운동만을 사랑하는, 천연기념물 같은 선수들이 있기는 합니다. 여러 해 전, 골프 선수 리 트레비노Lee Trevino의 자서전《슈퍼 멕스Super Mex》를 읽었습니다. 책에서 그는 프로 골프 세계의 진 빠지는 투어 일정을 이야기합니다. 꼬리에 꼬리를 무는 대회들을 소화하며 길바닥에서 여러 달을 보내면 집에 가고 싶은 생각만 든다고 합니다. 그런데 막상 집에 가면 이튿날 아침부터 근처 어느 골프장에 가 있다고 합니다. "그냥 골프가 너무 재미있어서"입니다.

자신의 열정을 좇기를 바랍니다. 여러분의 열정이 무엇인지 모르겠거든, 열정을 발견하는 일 그 자체를 좇길 바랍니다. 존 덴버John Denver가 이런 노랫말을 썼죠. "한 번도 가보지 않은 내 고향으로"라고요. 처음 왔는데 너무 익숙한 기분, 그것이 운명을 발견할 때의 느낌입니다. 삶의 모든 것이 맞아 들어가고, 세상 모든 일에 초점이 잡힙니다. 정말로 바라는 것을 이루려다 실패하는 사람보다, 잘못된 목적을 좇는 바람에 실패하는 사람이 더 많답니다. 여러분의 운명을 찾으세요!

Today's the day!

불신은 잠시
덮어두어라

눈이 안 보이는 제가 브로드웨이 뮤지컬 팬이라면 여러분은 의아해할 것입니다. 하지만 저는 뉴욕에 가면 으레 브로드웨이 무대를 찾고, 뮤지컬 투어 공연도 만나면 놓치지 않으려고 합니다. 수십 편을 보았습니다. 백스테이지에도 여러 번 가서 세트와 소품을 만져보았습니다. 캔버스 천 위에 붓으로 그린 배경과 조명 몇 개가 더해지면 그곳이 파리 오페라도 되고, 식민지 시대 필라델피아도 되고, 개척시대 오클라호마도 된다는 사실이 매번 놀라울 뿐입니다.

저는 NTN 방송국에서 브로드웨이 스타들과 뮤지컬 관계자를 인터뷰하는 행운을 누려왔습니다. 그들이 말하길 뮤지컬 공연의 성공 여부는 관객이 기꺼이 '불신의 유예'를 하느냐 그렇지 않느냐에 달렸다고 하더군요. 무슨 말이냐 하면, 관객은 눈앞의 무대가 가짜인 것을 당연히 알지만 그렇게 믿고 싶지가 않으면 자신의 불신을 잠시 덮어둔다는 겁니다. 어둠에 묻혀 의자에 앉아 이야기를 따라가고 싶은 욕망이 그것을 가능하게 만들죠.

'불신의 유예'라는 이 개념을 저는 일상이나 직업에서도 적용할 수 있지 않을까 생각했습니다. 일상의 지겨운 일들을 단지 견뎌내는 대신에 그것이 꿈을 향해 가는 징검다리라고 믿는 것입니다. 주변에서 들리는 불신의 목소리도 같은 방식으로 무시하죠.

> 우리를 지금의 평범함에 묶어두는 불신을 유예한다면
> 또 다른 가능성의 세상을 열 수 있습니다.

"이건 진짜가 아니야."

"그런 일은 네 평생에 일어나지 않아."

이런 말들은 인생이라는 극장을 나가서 듣길 바랍니다. 객석에 앉았을 때와 마찬가지로 실제 삶에서도 불신을 기꺼이 유예하고 회의를 떨쳐내는 것입니다. 그러면 완전히 다른 가능성의 세상을 열 수 있다고 저는 믿습니다.

이처럼 간단한 무대와 의상만으로도 극장에 갇힌 우리를 이 세상 어디로든, 아니 새로운 세상으로 데려갈 수 있다면 같은 원리가 현실의 삶에서도 통하지 않을 이유가 없습니다. 마법은 무대에서 끝나지 않습니다. 거칠 것 없는 꿈과 멋지게 상상한 성공을 살아낼 수 있습니다. 우리를 지금의 평범함에 묶어두는 불신을 유예한다면 말이죠. 간단합니다. 된다고 믿고 시도해보십시오. 이제는 객석 밖으로 나가서 인생의 무대를 즐기는 겁니다.

Today's the day!

창의성을
분출하라

창의적인 사람이 크게 성공하는 사례가 많습니다. 저는 모든 사람이 어떤 특정한 영역에서는 대단히 창의적일 수 있다고 믿습니다. 하지만 자신의 창의성을 발휘할 분야를 찾는 사람이 있는 반면에 죽을 때까지도 그러지 못한 사람이 있죠.

창의성의 발산은 다양한 형태로 나타납니다. 멋진 소설을 쓰는 데도 창의성이 필요하지만 복잡하게 꼬인 비즈니스 거래를 풀어내는 능력, 손님을 초대해서 멋진 요리를 선보이는 능력, 어려운 골프 홀에서 훌륭한 샷을 때려서 파 세이브Par save를 기록하는 것도 창의적 능력입니다. 창의성은 인간 활동의 사실상 모든 영역에서 발산할 수 있습니다.

여러분 스스로가 창의적이지 않다고 느끼진 않습니까? 그렇게 느낀다면 아마도 지금 잘못된 분야에서 창의성을 풀어내려고 애쓰기 때문일 수도 있습니다. 마이클 조던은 농구 천재였습니다. 농구 코트에서는 혀를 내두를 만한 창의적인 플레이가 쏟아졌지요. 전문가의 말을 빌리지 않더라도 그의 경기 영상을 보면 누구나 고개를 끄덕일 것입니다. 그러던 그가 농구계에서 은퇴를 하고 야구 선수로 전향을 했습니다. 농구 선수가 설령 마이너리그라고 해도 프로 야구 선수로 뛰었다는 사실 자체가 물론 대단한 것이기는 합니다만, 야구 선수로서의 마이클 조던은 결코 두각을 드러내지 못하는 그저 그런 선수 중 한 명이었지요. 그의 천재적 창의성은 오직 한 분야에서만 증명이 되었던 것입니다.

화가가 아닌 피카소는 어땠을까요? 작곡가가 아닌 베토벤은요? 다른 분야에서 천재 소리를 들을 수 있었을까요? 그들의 창의성은 특별한 영역에서 분출구를 찾았기에 미래 세대를 위한 인류의 유산을 남길 수 있었다고 생각합니다. 그렇다면 우리는 어떻게 창의성의 분출구를 찾아낼 수 있을까요? 저는 다른 모든 것을 제거하는 방식으로 찾을 수 있다고 생각합니다. 내가 확실히 탁월하지 않은, 창의성이 발휘되지 않는 분야를 죄다 빼버리고 남는 곳에다 열정을 쏟으면 되지 않을까요?

르네상스 시대 어느 조각가의 이야기를 들려드리고 싶습니다. 그는 단단한 대리석 덩어리 안에 하프를 연주하는 아름다운 소녀가 있다고 주장하며 친구와 내기를 했습니다. 친구가 내기를 받아들이자 조각가는 돌을 쪼기 시작했고, 얼마 지나지 않아서 하프를 연주하는 소녀가 모습을 드러냈습니다. 친구가 내기에 졌다고 인정하며, 네 눈에는 소녀가 정말로 보였던 거냐고 물었습니다.

"창의력이 아니라 시력으로 보니까 안 보이지. 소녀 주변에 붙어 있던 돌만 떼어내면 되던걸."

저도, 여러분도 각자의 분야에서 걸작을 탄생시킬 능력이 있습니다. 불필요하고 쓸데없는 일 같은 부스러기를 모두 떼어내버릴 수 있다면 말이지요.

오늘도 하루를 살면서 창의적으로 생각하고 행동할 방법을 찾아보길 바랍니다. 일상에서, 직업적 영역에서 예술가로서 빛나보는 것입니다.

Today's the day!

오늘에 대해
감사할 것

Wisdom for Winners

1년에 한 번 추수감사절이 돌아옵니다. 온 가족이 모여 맛있는 음식을 먹으며 미식축구 중계를 보는 미국의 대표 명절입니다. 저도 마찬가지입니다. 그런데 연휴를 즐기느라 바빠서 추수감사절의 의미를 잊기 쉽습니다. 조상들이 플리머스록Plymouth Rock(청교도들이 아메리카 대륙에 처음 상륙한 플리머스 항구에 있는 바위)에 내려서 고난의 겨울을 살아낸 일을 기념하자는 말이냐고요? 물론 그것도 중요하지만, 삶이 우리에게 준 선물과 우리가 감사해야 하는 많은 것들을 되돌아보는 시간을 한번 가져보는 것도 그만큼이나 큰 의미가 있다고 생각합니다.

미국에서 추수감사절은 긴 연휴의 시작을 의미합니다. 추수감사절을 시작으로 크리스마스를 거쳐서 새해까지 즐거운 날들이 꼬리에 꼬리를 물고 숨 가쁘게 이어집니다. 사람도 바쁘고 지갑도 바쁩니다. 올해는 흥청망청 추수감사절을 보내는 대신에 이렇게 해보면 어떨까요? 가족이 모여서 음식을 먹으며 미식축구를 즐기는 한편,

적어도 하루 정도는 자신의 삶에 관해 진지하게 생각해보고 감사한 마음을 갖는 단출한 시간으로 보내는 것입니다. 그러는 편이 더 분별이 있고 의미도 있지 않을까요? 더 좋은 방법도 있습니다. 매년 추수감사절에만 그런 시간을 갖는 대신에 매일 그런 시간을 조금씩 떼어두면 어떨까요?

오늘에 대해 감사할 열 가지를 잠깐 시간을 내어 마음속으로 열거해보는 것, 매일 아침에 습관처럼 그렇게 해보자는 내용을 저는 《최고의 유산 상속받기》의 한 장 '감사라는 유산'에 썼는데, 그 내용이 많은 독자들의 호응을 얻어 '황금 목록'이란 이름으로 알려지게 되었습니다. 제가 처음 황금 목록을 정리한 것은 우연한 계기였습니다. 그것이 제 하루에서 뜻깊은 일부이자 의미 있는 메시지로 자리매김하였기에 여러분과도 나눠보게 된 것입니다.

다난한 개인사와 힘든 업무를 앞두고 있는 빡빡한 평일 아침에, 그러니까 내 삶의 행복과 부와 성공을 잡으러 나서기 전에, 삶에서 내가 이미 가진 멋진 것들이 무엇인지 한번 확인해보면 좋지 않을까요? 이 짧은 셈을 아침에 하면 나쁜 하루를 보내기가 사실상 불가능할 겁니다.

지구라는 행성에서 지난 수천 년간 수십 억 명이 살았다는 사실을 오늘 하루를 살면서 기억해보기 바랍니다. 여러분의 오늘 하루와 맞바꿀 수 있다면 망자는 무엇이든 다 내놓을 겁니다.

Today's the day!

마음의 갑옷을
벗어라

Wisdom for Winners

"어린이와 청소년은 성장과 배움의 시기를 거쳐야 한다."라는 것이 사회의 통념입니다. 한 살을 더 먹을 때마다 지혜와 경험이 느는 것이지요. 그런데 아이러니하게도 어릴 때 능숙하게 잘하던 일을 교육 과정에서 완전히 잊기도 합니다.

저는 강연을 많이 다닙니다. 컨벤션 센터 같은 대형 공간에서 이루어지는 기업 행사에도 자주 가지요. 그런 곳에는 주로 사회적으로 상향 이동을 한 지적인 비즈니스맨들이 앉아 있습니다. 좋은 교육을 받고 훈련도 잘된 사람들이죠. 그런 사람들 1만 명 앞에 서 있다고 가정해보세요. 강연 중에 제가 묻습니다.

"앞으로 나와서 노래나 춤을 선보여줄 사람이 있나요? 어떤 장기라도 좋습니다. 그럼 솜씨를 자랑할 사람은 없습니까?"

자, 좋은 교육을 받은 1만 명 중에서 자신의 재능을 자랑하기 위해 앞으로 달려 나올 이가 몇이나 될까요? 손으로 꼽을 정도라는 데 다들 동의할 것입니다. 그럼 이렇게 가정해보죠. 1만 명이 성숙한 리더가 아니라 다섯 살짜리 유치원 아이들이라면요? 노래하고 춤추고 그림을 그리겠다는 자원자가 쇄도할 겁니다.

어른들은 이런 핑계나 이유를 댑니다. 나는 음치다, 몸치다, 요즘 말로 '곰손'이다, '똥손'이다. 반대로 유치원생들은 정말 그만한 재능을 지니고 있는 걸까요? 아이들은 자신에게 그런 재능이 있는지 없는지 모르고, 더 나아가 상관하지도 않습니다. 결과를 두려워하지 않고 자신을 표현할 수 있는 이유입니다. 어른인 우리도 한때는 그랬습니다. 그런데 너무 오래 잊고 살아온 것이지요. 교육 과정을 따라가던 중 어딘가에서 이런 생각이 머리에 박히는 겁니다.

'정말 자신 있거나 전문가가 아니라면 그냥 쭈그러져 있어라.'

그런데 어떤 일을 정말로 잘하거나 전문가로 성장하려면 반드시 처음에는 실력이 없어도 기꺼이 해보는 과정을 거쳐야 하는 것 아닌가요? 논리적으로 그렇죠? 마음의 갑옷을 벗지 않으려는 경직된 태도가 우리 어른을 계속 더 좁은 길로 내몹니다. 그 길은 점점 더 좁아지죠. 심적으로 편안한 세상일 수 있습니다. 그러나 그 밖으로 나가서 새로운 것들, 새로운 경험에 기꺼이 달려들기 바랍니다.

내 삶에 더하고 싶은 새로운 것들이 있겠지요? 오늘 하루를 살면서 그런 경험을 찾아보면 어떨까요? 마음의 갑옷을 벗는 것을 두려워하지 마세요. 처음에는 형편이 없더라도 미래에는 '프로 선수'가 되어 있을 거니까요.

Today's the day!

수평선 너머
가능성의 왕국

페르디난드 마젤란의 삶과 그의 항해에 관한 흥미로운 책을 방금 다 읽었습니다. 1519년부터 1521년까지 그는 함대를 이끌고 지구를 처음으로 완전히 한 바퀴 도는 해상 모험을 감행했습니다. 본인은 비록 모험을 다 끝내지 못하고 죽었지만, 그의 비전과 리더십이 있었기에 역사에 남을 성취가 가능했습니다.

이런 의문을 품을 수도 있습니다.

"호랑이 담배 피우던 시절의 일이 나랑 무슨 상관이람?"

좋은 질문입니다. 우리는 역사의 밝은 면과 어두운 면 모두를 통해서 인간사의 많은 일을 배웁니다. 역사의 좋은 사건은 목적을 향해 나아가는 우리의 시간을 아끼게 도와줍니다. 역사의 나쁜 사건은 곤란한 일을 피하는 방법을 귀띔해줍니다. 과거를 거울삼지 못하면 반드시 미래에 같은 교훈을 배우게 됩니다. 역사는 반복되는 법이니까요.

마젤란은 약 15미터짜리 작은 배를 타고서 수평선 너머에 뭐가 기다리고 있을지 모르는 미답의 바다로 나아갔습니다. 전대미문의 대모험이었지요. 지구가 둥근지 아니면 편평한지를 놓고 다투던 시대였습니다. 지구가 둥글다는 것은 그렇다 치고 세계를 한 바퀴 도는 뱃길이 있느냐 없느냐를 놓고도 왈가왈부했지요. 마젤란은 그런 환경에서 여행을 시작했습니다.

오늘날의 감각으로 비유하자면 이런 겁니다. 광속 우주선을 타고 미지의 은하를 향해 떠납니다. 살아남으려면 음식과 연료도 현지에서 조달해야 합니다. 지구로 귀환할 수 있을까요? 모릅니다. 우리 같은 개인은 감당할 수 없는 위대한 모험입니다.

그럼 우리는 마젤란이 쓴 역사에서 무엇을 배울 수 있을까요? 나의 수평선을, 그러니까 나 자신의 몸과 마음과 정신의 지평을 한없이 확장해가는 모험을 해야 한다는 것입니다.

탐험가 정신은 사적인 영역이든 직업적 영역이든 발전을 이루는 데는 모두 필요합니다. 오늘 보고 있는 저 수평선 너머에서 무언가 이루고 싶나요? 무엇을 알고, 익히고, 또 창조하고 싶은가요? 다가올 미래에 대한 어떤 계획을 세우고 있나요? 미래의 지평을 넓히려면 먼저 내 눈에 보이는 가능성을 확장해야 하고, 그러려면 우선 마음을 열어야 합니다.

> 나의 수평선을, 그러니까 나 자신의 몸과 마음과 정신의
> 지평을 끝없이 확장해가는 모험을 해야 합니다.

어떤 장소에 가보지 못했다고 해서 그곳이 존재하지 않는 게 아

닌 것처럼, 과거에 무언가를 이루지 못했다고 해서 그런 성취나 목적이 없는 것도 아닙니다.

오늘 하루를 살면서 여러분의 삶의 수평선 너머로 나아가 보면 어떨까요? 가능성의 왕국이 그곳에 있습니다.

Today's the day!

당신 인생의
최고의 날은 언제인가

Wisdom for Winners

친한 친구가 죽을병에 걸렸다는 소식을 듣고서 커다란 충격에 빠졌습니다. 당혹감을 어찌할 수가 없었습니다. 그런 소식을 들으면 오만 가지 생각이 마음속을 빠르게 스치고 지나갑니다.

먼저 그 친구가 내게 어떤 의미인지 생각합니다. 그를 잃으면 내 삶이 어떻게 달라질지 상상합니다. 그다음으로 친구의 가족과 주변 사람들, 일과 관련한 고민과 이런저런 번뇌의 잔상이 끝도 없이 이어집니다.

다행히도 제 친구는 조기에 진단을 받아서 치료를 잘 끝마쳤고, 예후도 긍정적입니다. 무엇보다도 이 친구가 '싸움꾼'이라는 게 다행입니다. 그가 100세까지 살 수 있을지를 놓고서 내기를 한다면 저는 '산다'에 적지 않은 돈을 걸 것입니다.

죽음을 암시한 소식을 들은 처음의 충격과 공포가 지나고 나면 사람은 자기 인생에 관해서도 따져보기 마련입니다. 내 친구가 죽을지도 모른다, 나도 언젠가 죽는다, 다른 사람들도 다 마찬가지다,

이런 현실이 뼈아프게 다가오는 겁니다. 앞으로 내 인생에서 살날이 얼마나 남았느냐, 이것은 모두에게 있어서 중요한 문제입니다. 그리고 이것만큼이나, 아니 이것보다 더 중요하고 궁극적인 문제는 그 남은 살날에 진짜 인생을 살 수 있겠느냐는 것입니다.

여든이나 아흔 줄에도 노익장을 과시하며 즐거운 나날을 보내는 낙천적인 사람들이 있습니다. 그들은 앞으로 다가올 좋은 일을 기대하며 인생이 주는 선물을 받아들고 아이처럼 좋아합니다. 반면에 아직 십 대 후반이나 이십 대 초반임에도 불구하고 침울하고 의욕이 없으며 앞으로 다가올 날들에 대해서 부정적 전망을 갖는 사람들도 있습니다. 긍정적인 사람과 부정적인 사람을 쉽게 판별하는 방법 하나는, 그의 인생에서 최고의 날이 언제인지 묻는 겁니다.

부정적인 사람은 나이를 불문하고 자기 인생에서 최고의 시간은 이미 지나가버렸다고 믿습니다. 그들은 죽어가는 중입니다. 심장이 앞으로 몇십 년을 더 뛰든 말든, 지면에 발을 얼마나 오래 붙이고 있든 말든 그런 건 상관이 없습니다. 반대로 이 땅에서 한 세기나 살았으면서도, 그래서 그동안 많은 곳에 가보고 많은 걸 보고 많은 일을 했으면서도 여전히 삶에 목말라하는 사람이 있습니다. 보고만 있어도 파이팅이 되는 이런 사람이 곁에 있다면 행운입니다. 그들의 또 다른 특징은 내 인생 최고의 날이 아직 오지 않았다고 믿는다는 겁니다.

어느 날 우리에게도 죽음이 닥칠 것입니다. 그날 죽음의 사자에게 어떤 모습을 보여주고 싶은가요? 저는 열정적으로 부지런히 즐거운 삶을 살며 인생이 주는 모든 것을 경험하는 제 모습을 보여주고 싶습니다. 마지막으로 중병을 선고받은 제 친구에 관해 첨언하면, 그는 선물 같은 삶을 계속 이어갈 것이고, 주변에도 좋은 영향을 미칠 것입니다. 삶의 과즙을 망설이지 않고 죽 들이켤 것입니다. 저도 제 삶의 과즙을 그와 나눌 수 있기를 바랍니다.

Today's the day!

소중한 것들은
여기 다 있다

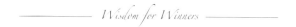

허리케인 카트리나가 할퀴고 지나간 자리에 커다란 상처가 남았습니다. 그곳에서 우리는 인간성의 최고와 최악을 모두 목격했습니다. 사람은 급할 때 본성이 나온다고들 하지요. 원래 없던 성격이 위기 상황에서 만들어지는 게 아니라는 말입니다. 최악의 상황에 맞닥뜨린 이들의 모습이나 말이 우리 뇌리에 박히기도 합니다.

제 경우는 어느 뉴올리언스 주민의 인터뷰가 그랬습니다. 재난이 닥쳤을 때 그는 마지막 순간에 가족과 함께 옷 몇 벌만 겨우 챙겨서 뉴올리언스를 빠져나왔다고 말했습니다. 며칠 뒤에 위성사진을 보고서야 그의 가족은 그들의 집을 포함한 모든 것이 물속에 잠겼다는 사실을 알았지요. 지낼 곳과 재산이 사라진 건 물론이고, 가족사진 같은 것도 남지 않았고, 직업도 잃었습니다. 하지만 그는 가족을 돌아보고서 이렇게 말하더군요.

"그래도 소중한 건 여기 다 있는 것 같네요."

여기서 우리는 귀중한 것들에 대한 질문을 던져볼 수 있습니다.

인생에서 귀중한 것은 크게 두 가지 범주로 나눕니다. 값비싼 것과 소중한 것입니다. 집, 차, 옷, 살림, 사무실, 일자리 등은 가치, 특히 높은 금전적 가치를 지니지요. 사는 데 있어서 무척 중요하며 삶에 커다란 영향을 끼칩니다. 소중한 것은 가족, 친구, 희망, 목적, 믿음, 꿈 같은 것들입니다. 이것들은 지위나 재산보다 더 심층에서 우리에게 영향을 미칩니다. 대체될 수 없는 성격의 것입니다.

제 결론은 아무리 값어치가 많이 나가는 물건도 돈으로 대체할 수 있다면 소중한 게 아니라는 것입니다. 적어도 인생의 보물은 아닙니다. 환산 가치가 큰 소유물인 거죠. 오히려 값비싼 것을 잃게 되었을 때 뉴올리언스의 그 주민과 마찬가지로 정말로 소중한 것이 눈에 들어오기 시작합니다. 안타까운 일이지요. 큰 재난이나 삶의 위기가 닥쳐야 그것이 보인다잖아요.

사람들은 무언가를 손에 넣기 위해 많은 시간을 투자합니다. 값어치 있고 좋은 것들이겠지만 다른 한편으로는 가족과 친구가 주는 인생의 보물에 비하면 덜 귀중합니다. 삶에서 정말로 소중한 것들을 희생하면서까지 무언가를 얻으려고 다람쥐 쳇바퀴를 돌고 있는 게 우리라는 사실을 생각하면 슬퍼집니다.

오늘 하루는 뜻하지 않은 재난으로 고통받는 사람들을 떠올려보면 어떨까요? 그들이 어떤 실마리를 줄지도 모릅니다. 값비싼 것이 내 손에 있다면 물론 즐겨야죠. 소중한 것은 더욱 아끼고요.

Today's the day!

2부

인간관계를 점검하라

"당신이 세상 사람을 별처럼 대하면
세상이 당신을 별로 만들어줄 것입니다." _짐 스토벌

"사람은 섬이 아니다."라는 말은 진리입니다. 혼자 사는 인간은 없다는 뜻이지요. 아무리 잘난 사람이라도 독불장군으로 성공할 수는 없습니다. 성공을 하든 실패를 하든 여러분은 팀의 일원일 것입니다. 행복과 만족도 가족과 사회와 공동체의 일원으로서 얻게 됩니다.

성공은 나 혼자서 하는 날갯짓이 아니라 모두의 힘으로 비행기를 만들어 띄우는 겁니다. 비행기가 하늘을 날면 비행기에 탄 나도 함께 하늘을 나는 것이지요.

위대한 경험은
마을 안에 있다

Wisdom for Winners

지난 몇 달간 지역 상공회의소 일을 했습니다. 관광 및 컨벤션 산업 활성화를 위한 대책위원회에 참여했습니다. 관광객 유입을 늘리고, 우리 고장으로 각종 회의와 전람 행사를 유치할 방안을 궁리했습니다. 저는 이 고장에서 나고 자란 사람입니다. 그래서 우리 고장에 관해서 모르는 게 없다고 생각했지요. 하지만 틀렸습니다.

저는 대책위원회에서 스터디를 하면서 우리 고장을 객관적으로 보게 되었습니다. 타 지역 사람들이 이곳을 어떻게 생각하고 있는지 알게 된 과정이었지요. 제 고향에는 명소나 명물 같은 자랑하고 활용할 만한 유무형의 유산이 많았습니다. 이러한 사실을 처음 알았습니다.

사실 현지 주민보다 관광객이나 방문자들이 더 많은 것을 누린다고 저는 생각합니다. 왜냐하면 어딘가로 여행을 가면 한정된 시간에 그곳에 있는 것들을 가능한 한 많이 경험하고 만끽하려 드니까요. 저도 제가 태어나 살고 있는 이 고장이 말 그대로 세계인이 찾는 여행지라는 사실을 이번에 알고 깜짝 놀랐습니다. 있는지도 몰랐던 관광 명소들이 즐비하더군요. 저는 이런 생각이 들었습니다.

'휴가철이 되면 너도나도 큰돈과 시간을 쓰며 비행기를 타거나 자동차로 장거리를 달려서 멀리 어딘가로 간다. 그런데 그곳에 있는 것이 내가 사는 곳에 있는 것보다 정말로 더 대단할까?'

이런 장면도 상상이 되더라고요.

'꿈같은 여행지를 향해 고속도로를 달리는데, 맞은편 차선에서 나와 마찬가지로 꿈같은 여행지를 고대하는 휴가객이 내가 방금 떠나온 그곳으로 가고 있다.'

멀리 여행을 떠나기에 앞서 우리 코앞에는 무엇이 있는지 알아보면 어떨까요? 내 고장의 관광 정보를 찾아보는 겁니다. 여러분은 아마 깜짝 놀랄 겁니다. "위대한 경험은 마을 밖에 있다."라는 옛 사고방식에 사로잡히면 안 됩니다. 그 마을 밖은 다시 누군가의 마을이니까요. 멋진 휴가를 꿈꾸며 제 고장으로 오는 사람들이 매일 줄을 잇는 것처럼 말이죠.

누구나 본인이 사는 고장에서도 좋은 여행을 꾸준히 할 수 있습니다. 명소도, 명물도 찾으면 화수분처럼 계속 나옵니다. 그러니 '홈타운 여행'을 해보면 어떨까요? 내 고장이 살기 좋은 곳일 뿐만 아니라 여행지로서도 손색 없는 멋진 장소라는 사실을 알게 될 것입니다. 여러분은 우연히 거기 살게 되었을 뿐이지요.

Today's the day!

연쇄반응을 일으키는
첫 번째 행동

움직임은 일단 시작하면 같은 방식으로 계속 진행하려는 경향이 있습니다. 뉴턴의 물리법칙이지요. 이러한 원리는 사회에서도 강한 힘을 발휘합니다. 저는 '연쇄반응'이라는 표현을 선호합니다. 연쇄반응은 좋은 것일 수도 있지만 나쁜 것일 수도 있습니다. 연쇄가 시작된 첫 행동이 무엇이냐에 달렸지요.

예를 들어보겠습니다. 주차장에 갔는데 주차된 차들이 전부 바닥에 그어놓은 주차 라인에 걸쳐져 있습니다. 가끔 그런 모습을 본 적 있죠? 네, 당혹스런 광경입니다.

'사람들이 단체로 개념을 상실했나, 전부 다 이따위로 주차를 하다니!'

이런 생각이 들기도 할 겁니다. 정말로 그런 걸까요? 아닙니다. 사람들이 모조리 개념을 집에 두고 온 게 아니라 단지 연쇄반응의 덫에 걸린 것입니다. 개념 없는 단 한 사람이 아침에 일찍 와서 타인에 대한 고려나 배려가 전혀 없이 옆자리를 침범해서 차를 댔습니다. 그러자 그 옆에 차를 댄 운전자도 다시 자기 옆자리를 자연스럽게 침범해 들어갔고, 세 번째, 네 번째 사람도 마찬가지였습니다. 그렇게 죽 이어진 것이지요. 단 한 명의 잘못된 행동이 꼬리를 물고 연쇄반응을 일으켜서 전부 엉망이 된 겁니다.

여러분도 같은 상황이라면 그중 한 명이 아니기가 쉽지 않을 겁니다. 주차장에 처음 와서 차를 댄 사람이 조금만 신경을 써서 공공준칙을 지켰더라면 이런 연쇄반응은 결코 시작되지 않았을 것입니다. 하지만 주차장에 두 번째, 세 번째, 네 번째로 온 사람이라도 만약에 공간을 좀 남기고 자기부터 다시 제대로 주차를 했더라면 연쇄를 멈출 수도 있었다는 점을 아는 게 중요합니다.

우리는 매일 선택을 합니다. 여러분은 개념이 있으니까 결코 나쁜 연쇄를 시작하지 않겠지만, 더 중요한 것은 나쁜 연쇄를 멈추는 선택입니다. 나를 무례하게 대하는 사람이 있습니다. 여기에 대해 내게는 두 가지 선택지가 있습니다. 하나는 같은 식으로 되갚는 겁니다. 다른 하나는 무례함을 정중함으로 돌려주는 겁니다. 적절한 대우를 받을 때 적절한 행동을 하는 건 쉽습니다. 하지만 인생의 진짜 승자는 항상 정도를 택하는 사람입니다. 지는 게 이기는 거라는 말도 있지요. 오늘은 좋은 연쇄를 새롭게 시작해보거나 나쁜 연쇄를 내 손으로 끊는 노력을 해보면 어떨까요? 나로 인해 더 좋은 세상이 시작될 겁니다.

Today's the day!

102

감사는
당신의 능력이다

Wisdom for Winners

감사하는 태도를 가지지 않으면 꾸준한 성공을 누릴 수 없습니다. 승리를 향해 앞으로 나아가다가도 지금까지의 성공을 가능하게 해준 모든 일을 되돌아보며 감사하는 능력을 반드시 가져야 합니다.

이번 주에 저의 친애하는 해럴드 폴Harold Paul 박사님이 돌아가셨습니다. 제게 글쓰기에 대한 열정을 불어넣어준 분입니다. 저명한 대학 교수이자 제 멘토로서 지난 25년간 제 곁을 지켜준 그는, 사람을 위로하고 격려하는 동시에 새로운 목표를 제시하고 분발을 촉구하는 참으로 특별한 능력을 지닌 사람이었습니다. 그는 제가 인생에서 어떤 전환점이 되는 기회나 시기에 이를 때마다 항상 축하를 해주면서 다시 더 높은 곳을 향해 뛰게끔 해주었습니다. 미래의 원대한 가능성에 대한 기대를 품게 한 것이죠.

정말로 많은 것에 감사합니다. 폴 박사님이 돌아가시고 나니 제가 이렇게나 좋은 삶을 살 수 있었던 건 모두 그와 같은 분들 덕분이었다는 감사의 마음이 여운처럼 오래 머물렀습니다.

어러분도 보다 나은 삶으로 나이기도록 격려하고 힘을 불어넣어준 여러 사람들과 일들을 돌아보는 시간을 갖고, 적절한 지점에서 감사를 표현해보는 건 어떨까요? 혼자 설 수 있는 사람은 없습니다. 오늘 즐기는 성공도, 내일을 향한 비전도 다 어떤 거인의 어깨에 무임승차한 특권 덕분에 얻은 것이죠.

감사의 마음을 내보일 기회를 놓치지 마세요. 그리고 여러분도 누군가의 삶에 영향을 주는 그런 사람이 되세요. 자신이 그렇게나 많이 받았다는 사실을 기억하면서요.

여러분이 감사를 주고받는 법을 배우면 좋겠습니다. 다시 말하지만, 감사는 성공의 불가결한 요소입니다. 되돌아보는 일에, 감사를 표하는 데 오늘의 시간과 노력을 들이면 좋겠습니다.

Today's the day!

성공은
패턴을 가지고 있다

─────────── *Wisdom for Winners* ───────────

시각장애인을 대상으로 하는 방송국을 운영하면서 부수로 얻게 되는 특권 하나가 다양한 분야의 멋진 사람들을 만나고 그들과 인터뷰할 기회를 갖는다는 점입니다. 이렇게 만난 사람들의 이야기를 저의 두 번째 책 《대단한 사람들의 성공 비결*Success Secrets of Super Achievers*》에 수록했습니다. '성공은 패턴'이라는 게 핵심입니다. 면밀히 관찰하여 따라 할 수 있고, 다시 반복할 수도 있는 게 성공입니다.

코미디언 스티브 앨런*Steve Allen*과의 인터뷰가 기억이 납니다. 사람들은 그를 지금도 방송 토크쇼 '투나잇쇼'의 기획자이자 진행자로 기억합니다. 그가 노래를 5,000곡 넘게 작곡하고 그래미상까지 받은 음악인이라는 것은 잘 모를 것입니다. 책을 32권이나 쓴 작가라는 사실도 잘 알려져 있지 않고요. 인터뷰를 위해 캘리포니아 스튜디오에 있는 사무실로 들이닥쳤던 그날도 그는 신작을 집필하고 있었습니다.

스티브 앨런에게서 찾은 놀라운 점은 그가 진짜 평범한 사람이었다는 것입니다. 카메라맨이나 다른 제작진과 이야기할 때 정말 편안해 보였습니다. 솔직하고 소탈했습니다. 인터뷰를 할 시간이 되었을 때 그가 보여준 태도는 이런 것이었습니다.

"나는 내 일을 할 테니 당신은 당신 일을 하시오."

저는 그가 자신의 성공 비결을 이 말로 다 밝혔다고 봅니다.

"보통 사람과의 끈을 절대로 놓지 않으려고 합니다. 집에서 텔레비전을 보고 있는 한 명을 눈에 그립니다. 그의 눈높이에서 다가갈 수 있다면 저와 이어질 것이고 저를 좋게 생각하겠죠."

스티브 앨런은 세계적인 유명인이자 우리 세대에서 재능과 재주가 많기로 둘째가라면 서러운 인물이지요. 그런 그가 나름의 방식으로 탁월함의 비밀을 찾은 겁니다. "네가 대우받고 싶은 대로 남을 대우하라"는 성경 황금률에 대한 나름의 표현이라고도 할 수 있습니다. 성경 말씀이어서가 아니라 세상 사람 모두가 이 땅에 존재할 이유가 있고, 따라서 모두가 존중을 받아 마땅하다고 진심으로 믿기 때문입니다.

여러분이 성공이라 믿는 것을 좇으며 스스로를 더욱 높이고 싶다면, 하루하루 살면서 스티브 앨런의 교훈을 절대로 잊지 말기 바랍니다. 여러분이 세상 사람을 별처럼 대하면 세상이 여러분을 별로 만들어줄 것입니다.

Today's the day!

누군가의 마음에
불을 밝히는 일

Wisdom for Winners

1976년의 일이었습니다. 대학에 입학하려고 의례적인 신체검사를 받던 중에 희귀병 진단이 나왔고, 눈이 멀게 될 것이라는 이야기를 들었습니다. 당시 저는 십 대였습니다. 창창한 미래를 앞두고 있었지요. 절망감은 이루 말할 수 없을 정도였습니다.

몇 주 후, 우리 가족과 가깝게 지내던 아저씨가 전화를 걸어왔습니다. '긍정적 사고 세미나'라는 행사가 열리는데 혹시 갈 마음이 있으면 차로 데리러 오겠다고 했습니다. 우울증 비슷한 상태로 허우적대고 있는 사람에게 '긍정적 사고' 같은 말이 제대로 귀에 들어오지는 않았지만, 어쩌다 보니까 가겠다고 말하고 말았습니다.

그날 저는 폴 하비Paul Harvey, 로버트 슐러Robert Schuller, 지그 지글러Zig Ziglar, 아트 링클레터Art Linkletter, 아이라 헤이스Ira Hayes의 강연을 들었습니다. 점심시간이 다가오자 세미나에 저를 데려온 아저씨가 나가서 점심을 먹겠느냐, 아니면 남아서 데니스 웨이틀리 박사Dr. Denis Waitley의 강연까지 마저 듣겠느냐고 물었습니다. 저는 그

107

냥 있겠다고 답했고, 그 대답에 저 스스로두 적잖이 놀랐습니다.

20세기를 대표하는 자기계발 강사 여러 사람을 한자리에서 다 보다니 지금 생각하면 믿기지 않는 자리였습니다. 그날도 어쩌다 보니 웨이틀리 박사님이 단상으로부터 마흔 번째 줄에 앉은 저에게 까지 다가왔고, 제 마음에 불을 붙여주었습니다. 횃불 같은 그 불은 오늘까지도 변함없이 활활 타오르고 있습니다. '승리의 심리학'에 관한 그의 말은 무척 고무적이었습니다. 저는 눈이 멀기를 기다리는 사람의 한계가 아니라 제 상황에서의 가능성을 탐사하게 되었습니다. 그날 이후로 우리는 친구가 되었습니다. 지금도 여전히 제 멘토이고요.

웨이틀리 박사님의 영감 가득한 메시지는 제 마음에 남았습니다. 저는 끝내 시력을 잃었지만 올림픽 국가대표 역도 선수가 되었고, 텔레비전 방송국 사장이 되었고, 에미상을 수상했고, 올해의 미국 청년 10인Ten Outstanding Young Americans에 들었고, 미국 전역을 대상으로 한 '올해의 기업인'에 뽑히기도 했습니다.

둘러보세요. 다가가세요.

타인의 삶에 영향을 주고

자신의 삶에서도 변화를 이루세요.

메시지는 선명합니다. 우리는 개인적으로나 직업적으로나 매일 수많은 사람에게 가닿을 기회를 갖습니다. 이때 친절하게 행동하고 격려가 되는 말을 해줍니다. 잠시 귀 기울여 들어주기라도 합니다.

돕습니다. 직업인으로서 우리는 프로입니다. 제품과 서비스뿐만이 아니라 스스로 본보기가 됨으로써 타인의 삶에 긍정적 영향을 줄 책임도 있습니다. 탁월함을 찾아가는 각자의 여정 중에 때때로 멈춰 서서 횃불을 댕겨 전하면 그 사람도 다시 누군가의 마음에 불을 밝히겠지요. 그 불은 멀리까지 전해질 것입니다.

둘러보세요. 다가가세요. 타인의 삶에 영향을 주고 자신의 삶에서도 변화를 이루세요.

Today's the day!

직진 차로로만
달릴 순 없다

Wisdom for Winners

사회의 보편 상식을 이해하고 수용하는 사람이 있는가 하면 그렇지 않은 사람도 있습니다. 출퇴근길의 분주한 도로 나들목 진입로에서 대다수 운전자는 깜빡이를 켜고 눈치껏 주행 차로로 끼어듭니다. 필요하다면 직진 차로의 운전자에게 양해를 구하고요. 그들은 교통 준칙을 이해하고 유연하게 받아들인 것입니다. 반면에 진입로 출구에 차를 완전히 정차하고서 직진 차로를 달려오는 차가 없을 때까지 한없이 기다리는 딱한 사람도 가끔 있습니다. 그들은 이해하거나 수용하지 못한 겁니다.

유사한 사례는 많습니다. 일반적으로 통용되는 어떤 정립된 수순이나 방식이 있습니다. 사회라는 고속도로로 진입하려면 반드시 그것에 숙달해야 합니다. 성공과 성취의 과정도 크게 다르지 않습니다. 아이디어, 동기 부여 등 모든 준비가 끝났는데도 사소한 것에 브레이크가 걸려 가속 차로로 진입하지 못하는 경우가 있습니다.

얼마 전에도 그런 사람을 만났습니다. 그의 신사업 구상은 정말로 훌륭했습니다. 성공에 필요한 모든 걸 갖춘 듯 보였습니다. 그런데 다소 엉뚱한 문제 때문에 브레이크가 걸려 있었습니다. 그는 사업과 관련한 모든 법률과 회계 업무를 직접 처리하고 싶어 했습니다. 뭐, 그럴 수 있죠. 문제는 이 분야에 대한 경험이 전무하다는 것이었습니다. '맨땅에 헤딩'을 하면서 자기가 안심할 수 있는 계약서나 회계 서류를 어떻게든 만들 수는 있다 치더라도 전망이 암울한 까닭은 그의 사업에 관심 있는 사람이라면 법률 서류나 회계 장부를 보자고 당연히 요청할 것이기 때문입니다. 그러면 비전문적이고 허술한 일 처리 방식이 바로 들통날 겁니다.

그는 법률이나 회계 분야의 사업을 하려는 게 아닙니다. 그럼에도 불구하고 실패가 분명해 보이는 건 일반적으로 통용되는 방식을 이해하고 올라타려 하지 않기 때문입니다. 사람들이 계속 동의해온 게임의 규칙이 있는데, 그걸 인정하지 않겠다는 것이니까요.

마치 해외여행 중인 관광객이 어떤 말이나 행동을 했는데, 그것이 의도치 않게 현지 관습에 어긋나서 현지인을 모욕한 상황과 비슷합니다. 그 나라의 관습을 이해하거나 수용하지 않은 것이죠.

여러분이 일상생활에서, 또 일과 관련해서 표현하는 말이나 행동도 그럴 수 있습니다. 신뢰할 만한 사람에게 솔직한 의견을 구해보면 어떨까요? 더불어 내가 개념과 상식을 이해하고 수용한 사람임을 다른 사람에게 보여주는 것도 중요합니다.

Today's the day!

나중에 어찌 될지
누가 알겠는가

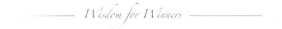

제가 아직 초보 사장일 때의 일입니다. 처음으로 변호사와 상담을 하게 되었습니다. 법인을 설립해야 했는데, 소개를 받은 변호사가 하필이면 지역 법조계 거물이었습니다. 그를 마주하고 앉으니 어쩐지 미안하다는 말이 먼저 나왔습니다. 모르긴 해도 그가 이끄는 법률 회사 입장에서 저희 같은 벤처 스타트업은 중요한 고객이 아니었을 테니까요.

그런데 그날 변호사가 해준 말이 제 뇌리에 깊이 박혔습니다.

"맞습니다. 실제로 저희 고객사들 중에 큰 회사가 많죠. 덕분에 대형 로펌 간판을 걸고 있는 거고요. 그런데 처음부터 그랬던 건 아닙니다. 대대수의 대표들은 스토벌 씨와 마찬가지로 회사를 창업한 지 얼마 안 되었을 때 저희를 찾아왔습니다. 저희가 성공을 한 건 그때 작은 고객들을 놓치지 않았기 때문입니다. 어느 회사가 장차 크게 될지는 저도 모릅니다. 그러니 항상 어느 회사든 똑같이, 똑바로 일을 처리해드립니다."

같은 맥락에서 스타들의 사인을 받으려고 방송국 스튜디오 앞을 서성이던 어느 소년의 이야기가 떠오릅니다. 값비싼 양복을 입은 미남이 다가오자 소년은 공책과 펜을 내밀면서 물었지요.

"아저씨도 유명해요?"

그 사람이 자기는 아니라고 하자 소년은 잠시 생각하더니 이렇게 답했답니다.

"나중에 유명해질 수도 있으니까 일단 사인해주세요."

조 지라드Joe Girard의 《누구에게나 최고의 하루가 있다How to Sell Anything to Anybody》는 제가 세일즈와 마케팅의 교과서로 생각하는 책인데, 여기서 그는 한 장례식에 참석한 일화를 들려줍니다. 추도 예배에 앞서 고인의 삶에 관한 이모저모를 적은 작은 카드를 받았다고 합니다. 식을 마치고 우연히 장례식 총괄 매니저와 이야기를 하다가 문득 장례식에 몇 명이나 올 줄 알고 인쇄할 카드 수량을 정했는지 궁금해 물었다고 합니다. 매니저의 대답에 그는 깜짝 놀랐답니다. 장례식 참석자 수는 언제나 평균 200명 선을 유지하며, 오히려 거기에서 크게 벗어나는 경우가 드물다는 겁니다.

여기서 지라드는 다시 놀라운 사실을 한 가지 더 깨달았습니다. 장례식에 참석할 만큼 시간과 노력을 들일 정도라면, 조문을 온 그 사람들은 망자로부터 평소 적지 않은 영향을 받아온 것입니다. 따라서 우리가 일상적으로 상대하는 평범한 누군가는 다른 200명의 결정에 영향을 미칠 수 있다고 가정해도 되는 것이죠.

만약 여러분 자신에게서 정중함이 부족하거나 프로답지 않은 태도가 나오려고 하거든 여러분 앞에 있는 한 명만을 보지 말고 그 사람이 영향을 미칠 수 있는 다른 200명을 머릿속에 떠올려보기 바랍니다. 여러분은 그 한 사람을 알아도, 그가 아는 사람들까지는 아마 모를 겁니다.

Today's the day!

나눔의
본질

Wisdom for Winners

세계적 규모의 비극적 사건이 터지면 삶을 사는 방식과 느끼는 방식, 사고방식 자체가 달라질 수 있습니다. 이번에도 사람의 탈을 쓰고는 차마 할 수 없는 악행을 보았고, 그것이 우리들 모두를 바꾸어 놓았습니다. 하지만 전부 다 나쁜 변화는 아니었습니다.

나눔의 문화가 확산되었습니다. 인간성과 인생사를 꾸준히 관찰해온 저 같은 사람 입장에서는 새로운 희망을 품을 만합니다. 기록적 액수의 성금이 쏟아져 들어왔고, 자원봉사자들은 시간과 노력과 마음을 아끼지 않았습니다. 본 적도 없는 희생자를 도우려고 자기 피를 기꺼이 헌혈해 나누는 모습은 정말로 감동적이었습니다.

나눔의 본질은 뭘까요? 나눔은 선물이고, 선물이라는 건 본질적으로 받는 사람에게 영향을 줍니다. 그런데 주는 사람이 도리어 훨씬 깊고 오래가는 방식으로 영향을 받는 것이 나눔입니다. 나눔이 이루어진 다음에 받은 사람은 누군가 나를 아낀다는 사실을 알게 됩니다. 나눔을 베푼 사람은 넉넉하게 베푸는 사람이라는 새로운 정체성이 생기고, 스스로가 변화를 이끌 수 있다는 체감도 하지요. 적어도 배려의 감정을 상대와 공유하게 됩니다.

값이 싸거나 아예 금전적 가치가 없는 것도 훌륭한 선물이 될 수 있습니다. 대단한 가격표를 달고 있지 않다고 해서 그것을 받은 사람이 아끼지 않을 것이라고 여길 까닭은 없습니다.

애매한 선물도 있습니다. 적절할 수도 있고 아닐 수도 있는 선물입니다. 이런 선물에는 "마음이 중요하지."라는 말이 덧붙여지곤 합니다. 정말입니다. 그것이 최고의 선물이 되느냐, 아니면 쓰레기가 되느냐를 정하는 것은 받는 사람의 마음이니까요.

선물이라는 건 의사소통입니다. 내가 너를 생각한다, 너를 살핀다, 너와 무언가를 나누고 싶다는 생각을 전하는 겁니다. 어떻게 하면 특별한 방식으로 주변 사람과 나눔을 가질지 궁리해보세요. 상대를 향한 내 마음이 전달될 것입니다. 더 중요한 점은 나 자신에 대한 느낌도 바뀐다는 겁니다. 여러분도 나눔의 의미와 오늘 하루가 준 여러 가지 선물을 하나씩 알아가면 좋겠습니다.

결론입니다. 최고의 선물은 다름 아닌 모두에게 공평히 주어진 오늘이라는 선물입니다. 오늘을 남들과 어떻게 나누느냐, 이것이 또 다른 관건이고요.

Today's the day!

무소식이
희소식은 아니다

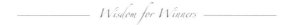

슬픔과 절망은 우리에게 교훈을 주기도 하고, 우리를 더 나은 사람으로 거듭나게도 해줍니다. 최근에 저는 제게 몹시 특별한 어느 분의 장례식에서 추도사를 낭독했습니다. 감정의 홍수를 견뎌야 하는 힘든 일이었습니다. 이러한 자리에서는 어쩔 수 없이 삶의 덧없음과 우리가 평소에 잘못 가늠해온 인생의 우선순위 같은 것들을 돌아보게 됩니다.

장례식이 끝나고 조문객과 인사를 나누는데, 많은 분이 이렇게 말하는 것을 듣고 속으로 놀랐습니다.

"마지막으로 뵌 게 2년 전이었습니다."

"1년 전 통화가 마지막이 될 줄이야."

고인과 근래 만나거나 연락을 주고받은 일은 없지만, 바쁜 일정에도 반나절을 빼서 장례식에 참석해 명복을 빌어준 사람들을 삐딱하게 보려는 게 아닙니다. 그들의 말속에 우리가 한 번쯤 생각해볼 만한 교훈이 있다는 말을 하고 싶은 겁니다.

아끼는 사람이 안부를 묻는 일은 습관이 되어야 합니다.
다른 긍정적인 행동을 습관으로 만드는 것처럼요.

여러분도 최근 몇 년 동안, 아니 몇 달간이라도 만나거나 연락을 못 한 사람을 떠올리고 이렇게 자문해보기 바랍니다.

'혹여 갑작스런 부고를 듣게 된다면 내 스케줄에서 몇 시간을 빼서 장례식에 참석하게 될까?'

대답이 '그렇다.'라면 오늘 일정에서 몇 분을 빼서 전화를 걸어 보면 어떨까요? 인터넷 쪽지나 안부 이메일도 좋고요.

아끼는 사람의 안부를 묻는 일은 습관이 되어야 합니다. 다른 긍정적인 행동을 습관으로 만들어야 하는 이유와 마찬가지죠. 사람은 자기가 항상 올바른 판단 후에 올바른 행위를 한다고 말하고 싶어하지만, 사실 그런 일은 드뭅니다. 양치질을 하는 이유가 매번 구강 위생을 생각해서입니까, 아니면 그냥 습관적으로 할 때가 더 많습니까? 매일, 아니 매주에 10분이나 15분을 떼어 주변 사람에게 관심과 애정을 표현할 수 있을 겁니다. 그러면 언젠가 그이의 장례식이 닥쳤을 때 후회하는 대신 가서 이렇게 말할 수 있겠지요.

"지난주에 좋은 대화를 나눴는데, 그러길 정말 잘했습니다."

소중한 사람과 소통하는 일에 하루의 시간을 조금 투자하면 어떨까요? 여러분에게도, 상대에게도 많은 배당이 돌아갈 것입니다.

Today's the day!

완벽한 사람은
없다

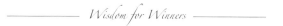
Wisdom for Winners

주변에서 곧잘 들리는 말이 있습니다.

"누구 때문에 돌아버리겠다."

여러분이 직접 내뱉기도 할 겁니다. 모두가 때때로 그런 기분을 느낍니다. 그런데 여러분이 알아야 할 게 있습니다. 여러분이 돌아버릴 지경이 된 것은 스스로 그렇게 허락을 했기 때문입니다. 친분이 있는 사람이라야 긍정적이든 부정적이든 일정 수준 이상의 영향을 미칠 수 있습니다. 개인적으로든 일로든 내가 어떤 가치를 부여한 사람이라는 사실 자체가 그들에게 내 삶에 영향을 미쳐도 된다고 자동으로 허락을 한 셈이니까요.

이렇게 생각해보죠. 길거리를 걷는데 지저분한 차림의 노숙자가 술 냄새를 풍기며 비틀비틀 지나가다가 한마디 툭 던집니다.

"신발이 구리네."

그런 말을 듣는다고 해서 하루를 망치진 않습니다. 아니, 눈 한 번 흘기고 나서 신경도 안 쓰겠지요. 하지만 가까운 사람이 같은 말을 했다면 어떨까요? 계속 신경이 쓰일 것입니다. 진짜로 그런가, 신발만 몇 번을 쳐다보겠지요. 모욕으로 느끼거나 기분이 상할 수도 있습니다. 내 신발이 정말 별로라고 인정하는 사람도 있겠죠.

완벽한 인간은 없습니다. 나와 가까운, 그래서 내 삶에 영향을 미칠 수 있도록 허락한 사람들도 마찬가지입니다. 가까운 누군가가 습관적으로 지각한다고 가정해보십시오. 그이가 시간관념이 없는 사람이라고 해서 사적으로나 일적으로 의미 있는 관계를 못 가질 것은 없습니다. '습관적 지각'이라는 인수를 상황 방정식에 넣어서 고려하면 됩니다. 제시간에 오게 하려고 여러 건설적인 방법을 써보았지만 그래도 여전히 지각을 한다면 고치려는 시도는 그만두고 이후로는 그 문제를 내 마음속에서 다룰 수 있어야 합니다.

늦을 때마다 동동거리고 소리를 지른다면 불쾌한 시간을 보낼 수밖에 없습니다. 문제는 그 일로 부정적인 영향을 받는 사람이 나뿐이라는 것입니다. 그이는 태평한 태도로 20분이나 30분쯤 늦을 것입니다. 별다른 신경도 쓰지 않고요. 여러분만 하루를 망치게 되겠지요. 아니, 망치게 허락을 한 것입니다

남이 그 자신은 아무렇지 않으면서 엉뚱하게 나를 돌아버리게 만든다는 게 웃깁니다. 가까운 이에게 높은 기준을 요구하면 안 된다는 그런 말이 아닙니다. 그냥 완벽한 사람을 기대하면 안 된다는 뜻입니다. 여러분이 살면서 관계를 맺는 사람들 중에 완벽한 존재는 없으니까요. 여러분 자신을 포함해서요.

Today's the day!

남에게만
엄격한 당신

Wisdom for Winners

어떤 책을 읽었는데, 그다지 인상 깊지 않다가 나중에 다시 읽어보고 감탄했던 경험이 있나요? 저는 얼마 전에 읽은 나폴레온 힐의 책이 그랬습니다. 저명한 작가나 강사의 발췌문을 많이 담고 있는 책입니다. 그중에서 〈관용Tolerance〉이라는 제목의 에세이가 있었습니다. 저는 이 글을 전에 분명히 읽어봤음에도 불구하고 어찌 된 까닭인지 별로 기억이 남아 있지 않았습니다. 그러다 얼마 전에 다시 읽어봤는데, 큰 감동으로 다가왔습니다. 이거야말로 나폴레온 힐이 쓴 글 중에서 가장 좋은 글이 아닐까 생각할 정도로요. 수필은 이렇게 시작합니다.

"지성의 새벽이 인간 진보의 동쪽 지평에서 밝아오고 무지와 미신이 시간의 모래밭에 마지막 발자국을 남길 때, 인간의 죄악을 기록한 책의 마지막 장에는 가장 통탄할 인간의 죄업이 '무관용'이었다고 기록될 것이다."

관용이란 별다른 게 아닙니다. 타인의 행동을 내가 아닌 그들의 경험과 배경과 관점에 비추어 고려하는 것일 뿐이지요. 사람은 자신의 행동에 대해서는 의도까지 중요하게 생각하지만, 남의 행동은 행위 그 자체만을 판단의 근거로 삼는 경향이 있습니다. 어느 누구라도 온전히 부응할 수 없는 엄격한 잣대를 타인에게만 들이대는 것입니다.

내가 누군가를 함부로 대하거나 다소 매너가 없는 행동을 하면 마음속으로 이렇게 정당화합니다.

'본의는 그게 아니었는데 어쩌다 보니 그렇게 되었네…'

반면에 누가 나를 무시하면 그 사람의 의도가 정말로 그런 것인지 한번 살피려고도 하지 않고, 오로지 밖으로 나타난 행위만을 보고 쉽게 단정을 합니다.

타인을 대할 때는 내 의도와 내 행동을 모두 염두에 두려고 노력해야 합니다. 우리는 종종 그럴 뜻이 없는데도 불구하고 의도치 않게 사람을 퉁명스럽게 대하거나 심지어 무례를 범하기도 합니다. 간단합니다. 내 감정이 상대에게 올바로 전해지고 있는지 염두에 두지 않아서 발생한 문제입니다. 자기 수양이 잘된 사람이라면 행동과 의도가 일치하겠지만, 대다수 우리는 그렇지 않기에 말이나 행동의 화살이 엉뚱한 방향으로 날아가기도 하지요.

타인도 나와 마찬가지입니다. 그들의 화살 역시 과녁을 빗나갈 때가 많습니다. 이러한 사실을 기꺼이 인정해야 합니다. 하지만 우리는 상대의 의도를 헤아려보려는 생각은 하지 않고, 오직 그들의 행동에 대해서만 감정을 품고 반응합니다.

누군가 내 기분을 상하게 합니다. 상한 감정을 되돌려주기 전에 속으로 먼저 '내 기분을 상하게 하려는 게 정말 이 사람의 의도일까?'라고 묻는 건 어떨까요?

"지금처럼 그러면 내 기분이 좀⋯."

"혹시라도 오해일까 봐서 확인하는 건데⋯."

이렇게 언질을 주거나, 아예 대놓고 그런 의도가 맞는지 물어볼 수도 있습니다. 대부분의 오해는 단순히 의사가 제대로 전달되지 않아서 발생한 것입니다. 그것을 알면 관용을 실천하기도 훨씬 더 쉬워지겠지요.

Today's the day!

만약에 나에게
신의 능력이 있다면

'만약에 나에게 왕 같은 권력이나 신과 같은 전능이 생긴다면 어떻게 될까?' 이런 상상을 가끔 해보면 재미있습니다.

저는 일단 투표하지 않은 사람은 불평을 하지 못하게 할 겁니다. 재미있는 텔레비전 예능 세 개가 같은 시간에 다른 채널에서 방송되는 일도 없게 할 거고요, 좋은 날씨는 주말과 휴일에 먼저 오게 만들 것입니다. 텔레마케팅 전화는 사람이 집에 없을 때만 걸려오게 할 겁니다. 내용이 자동응답기에 녹음되겠지요. 맛있는 음식이 몸에도 좋게 만들 거고요, 광고 우편이나 스팸 메일은 한 달에 한 번만 들어옵니다. 항공사들은 비행기가 언제 출발하는지 정확하게 말해야만 할 겁니다. 뭐, 이륙이라도 한다면 말이지요. 반값이라고 광고한 상품은 반드시 반값에 팔아야 합니다.

또 인생에 필요한 지혜를 여러 나이에 걸쳐서 골고루 나눠줄 것입니다. 그러면 지혜가 절실한 젊은 시절에 더 현명하게 행동할 수 있겠지요. 학교는 언제나 새 건물에, 감옥은 언제나 헌 건물에 들일 것이고, 경찰관, 소방관, 교사가 마땅히 받아야 할 임금을 받도록 하겠습니다. 장애인 주차 구역은 부족함 없이 마련하겠지만 남아도는 일도 없도록 하겠습니다. 미국 동부와 중부와 서부의 각기 다른 시간대도 싹 없애고 모두가 같은 시계를 보며 살게 할 겁니다. 그리고 하절기에만 실시하는 서머타임을 대신해서 일광 시간을 절약할 다른 방법을 찾을 겁니다.

도로 정비는 동네에서만 깨작대지 않고 도시 전역에 걸쳐 하겠습니다. 사람들로 하여금 자기 이웃이 누구인지 알게 하고 서로 만나 얘기하도록 할 것입니다. 크리스마스카드 발송 목록에 있는 사람이라면 1년에 한 번은 반드시 전화 통화를 하거나 방문해야 하겠지요. 전쟁은 전쟁을 일으킨 사람이 직접 나가 싸우도록 할 것입니다. 또 모두가 자신이 즐기는 일을 할 수 있게 하겠습니다.

> 남녀노소 가릴 것 없이 사람은 모두 다
> 세상에서 하나뿐인 특별한 선물입니다.
> 누구나 열정을 좇고 재능을 발휘할 수 있습니다.

직업과 인간관계에 있어서도 그것을 구할 때 쏟았던 만큼의 에너지를 유지하는 데에도 쏟게 하겠습니다. 그리고 노인의 지혜와 경험을 경청하는 사회를 만들려고 합니다. 지혜롭고 좋은 생각이라면 그것이 비록 '결코 걸어본 적 없는 길'일지라도 많은 사람이 따라 걸어야 하겠지요.

마지막으로 저는 남녀노소 가릴 것 없이 사람은 모두 다 세상에서 단 하나뿐인 특별한 선물임을 알게 할 겁니다. 누구나 자신의 열정을 좇고 자기 재능을 크게 발휘할 것입니다. 하지만 제가 그런 힘을 갖게 될 일은 절대 없을 테니, 여러분 모두가 직접 최선을 다해야 하겠군요.

Today's the day!

진정한 친구가
누구인가

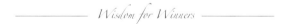

Wisdom for Winners

성공하고 만족스런 삶이라면 어느 날 인생을 돌아볼 때 자신의 부富라는 것을 비단 돈뿐만이 아니라 삶의 질과 역량, 친구 같은 것으로도 가늠할 수 있어야 한다고 생각합니다.

> 내가 잘나갈 때는 가만히 있어도 사람이 꼬이지요.
> 하지만 그것이 우정인지 아닌지 판별하는 기준은
> 고난의 시기에 그들을 믿고 의지할 수 있느냐는 것입니다.

'친구'라는 말이 너무 함부로 쓰이는 경향이 있습니다. 좋은 시간을 함께 보내는 사람을 그냥 친구라고 사회적으로 폭넓게 지칭합니다. 그들 가운데 다수가 실제로도 친구라는 말에 어떻게 보아도 어울리긴 합니다만, 우정을 판별하는 가장 좋은 방법은 고난의 시기가 닥쳤을 때입니다. 밤중에 고민이 있을 때 전화할 것 같은 사람이 누구입니까? 문제가 생기면 새벽 3시라도 전화할 수 있는 특별한 친구가 있습니까? 무엇이 필요할 때 군말 없이 손을 내밀어줄 수 있는 사람들, 그들이 친구입니다.

파티원을 모집하는 건 쉽습니다. 내가 잘나갈 때는 가만히 있어도 사람이 꼬이지요. 하지만 그것이 우정인지 아닌지 판별하는 기준은 고난의 시기에 그들을 믿고 의지할 수 있느냐는 것입니다.

어려서 저는 낯선 사람을 주의하라는 교육을 받고 자랐습니다. 이런 말을 들은 기억이 납니다.

"길을 잃거나 도움이 필요하면 경찰관이나 소방관처럼 제복을 입은 사람을 찾아라."

평범한 영웅인 이들의 존재에 대해서 우리는 곧잘 당연하게 여기곤 합니다만, 도움이 필요한 시간에 그들은 그곳에 있었고 앞으로도 그럴 것입니다. 친구도 마찬가지입니다. 꼭 좋은 시기에 내가 고개를 끄덕이며 인정하거나 내 주변을 어슬렁대는 사람일 필요는 없습니다. 친구란 모름지기 의견 충돌이 벌어져도 서로 존중하는 사이여야 하고, 캄캄한 암흑기가 닥쳐도 내내 곁에 남아줄 사람입니다. 진정한 친구가 누구인지 알고, 그들을 내 인생의 소중한 선물로 대하기 바랍니다.

Today's the day!

네가 보통 사람이어야
할 이유는 없다

Wisdom for Winners

소위 '평범한' 도시나 마을을 꾸준히 찾아내려는 광고회사들이 있다는 소식을 들었습니다. 그들은 인구통계학적으로 완벽하다고 할 만한 사례를 원하는 것 같습니다. 평범하다는 이 애매하고도 막연한 개념이 실재하는 장소를 찾으려고 많은 노력과 시간을 들이는 것입니다. 문제는 평범하다고 간주된 도시나 마을을 발견했다고 쳐도, 1~2년 안에 어떤 이유로든 그 도시나 마을은 더 이상 평범하지 않게 될 것이고, 다시 다른 장소를 물색해야만 할 것입니다.

우리는 모두 남들과 다른 고유한 개인으로 태어나서 그렇게 어린 시절을 보냅니다. 이 사회는 말로는 그렇지 않다고 하면서도 실제로는 개성이 강한 개인을 높이 평가하지 않고, 그들에게 좀처럼 보상도 주지 않습니다. 튀어나온 돌이 정 맞는다는 교육을 어려서부터 받습니다. 모든 방면에서 순응하고 대세에 따르라는 것이지요. 한마디로 평범한 보통 사람이 되라는 것입니다.

> "보통 사람이 될 수 없다고 낙담하지 미라.
> 네가 보통 사람이어야 할 이유는 하나도 없단다."

모두를 보통 사람으로 만드는 이 과정은 마치 인간의 공통분모를 아주 낮은 값으로 정하는 것과 같습니다. 여러분이 알아서 튀지 않는 한 결코 뛰어난 사람이 되지 못할 거라는 말입니다.

머지않아 눈이 멀게 될 것이라는 진단을 받은 후에, 그러니까 제가 시력을 스멀스멀 잃어서 더 이상은 보통 사람이 되지 못하리라는 것이 기정사실로 굳어진 그 무렵에 아버지가 해준 말을 기억합니다.

"보통 사람이 될 수 없다고 낙담하지 마라. 네가 보통 사람이어야 할 이유는 하나도 없단다."

평범함을 열망할 이유는 조금도 없다는 이 말에 우리는 원칙적으로 동의하겠지만, 우리가 모여서 구성한 이 사회는 여전히 평범함에 대해 보상을 해줍니다. 반사회적이 되라고 부추기는 말이 아닙니다. 나만의 창조적 표현이 빼어난 결과를 만든다고 말하고 싶은 것입니다.

여러분의 오늘 하루를 생각해보기 바랍니다. 하루 종일 했던 많은 일들 가운데서 평범하지 않은 보통 이상의 실력을 발휘한 일이 있었나요? 만약에 한두 가지 일에서 빼어난 솜씨를 보여준다면 어떤 일이 벌어질까요? 여러분이 동경하는 대단한 사람들의 실력을 떠올려보기 바랍니다. 무슨 일이든 보통 솜씨로 평범하게 해내서는 절대로 인정을 받을 수 없습니다. 그들은 몇 가지 핵심적인 일에서 가장 높은 수준을 달성한 반면에, 기타 등등의 일은 아예 하지 않거나 다른 사람에게 넘겨버립니다.

평범한 보통 사람의 기념비가 세워지는 일은 없습니다. 기념비는 한 가지 일을 어마어마하게 잘한 사람에게 바쳐지는 겁니다. 내 인생에서 해야 할 일을 찾고, 평범함에 안주하고 싶은 유혹을 물리치기 바랍니다.

Today's the day!

우리 모두의
자유를 위해

Wisdom for Winners

미국의 선거제도는 세계사에서도 독특합니다. 미국은 초강대국에 해당합니다. 따라서 미국 대통령 선거라는 것은 사실상 살아 있는 최고 권력을 뽑는 일이기도 합니다. 미국과 더 나아가 세계에서 가장 힘 있는 사람의 운명을 우리들 유권자가 좌지우지할 수 있다는 점을 꼭 기억하기를 바랍니다.

이처럼 여러분의 투표권은 중요한 의미를 갖습니다. 비단 대통령 선거뿐만이 아닙니다. 지방 선거를 포함해 중요하지 않은 선거는 없습니다.

최근에 저는 2차 세계대전 당시 연합군 사령관이었던 아이젠하워가 노르망디 상륙 작전을 감행하며 남긴 어록을 접했습니다. 미국 청년 수천 명이 극악한 독재자를 물리치고자 목숨을 버린 이유, 그들이 희생하며 싸웠던 진짜 이유는 바로 여러분과 저의 자유 때문이었습니다.

투표를 하지 않는 사람은 투표를 할 수 없는 전체주의 국가의 국민보다 조금도 나을 게 없습니다. 만약에 제가 선거 개혁 법안을 하나 통과시킬 수 있다면, 저는 투표하지 않은 사람이 정부나 어떤 선출직 공무원에 대해서 불평하는 일 자체를 범죄로 만들고 싶습니다. 꼭 투표하세요.

Today's the day!

가치를 매길 수 없는
선물

프랑스에서 일주일을 보내고 막 돌아왔습니다. 봄철의 파리는 모든 것이 명성대로였습니다. 잊을 수 없는 경험이었습니다.

파리에 있으면서 당일치기로 노르망디에 다녀왔습니다. 미군이 디데이(1944년 6월 6일)에 상륙을 감행한 오마하Omaha 해변을 방문했지요. 영화 〈라이언 일병 구하기〉가 흥행을 하자 배경이 된 역사적 사건도 주목을 받았습니다. 저 역시 노르망디 상륙 작전에 적잖은 관심을 가져왔고, 그래서 당시에 벌어진 일들의 진실을 잘 파악하고 있다고 생각했습니다. 하지만 독일군 포대가 자리한 콘크리트 바리케이드 틈바구니에 있는 프랑스 해변의 절벽 꼭대기에 서자, 뜻밖의 벅찬 감정이 차올랐습니다.

노르망디 해변에 상륙해서 절벽을 오르는 작전이야말로 인간 업적의 연보에 절대로 빠질 수 없는 과업이었다고 생각합니다. 운명의 날에 그곳에 있었던 청년들이 실제로 총을 들고 달린 그 길을 다시 걸으며, 그들 중 누구도 실제로 살아남지 못했다는 사실에 저는 아찔함과 함께 숭고함을 느꼈습니다.

독일군은 절벽 꼭대기에 강화 진지를 구축해놓았는데, 오늘날 그 터는 거대한 묘지가 되었습니다. 하얀 대리석 십자가들이 세워진 벌판을 저는 걸었습니다. 한 걸음, 한 걸음 아래에 누군가의 아들, 아버지, 남편이 누워 있는 게 느껴졌습니다.

모두들 자유의 가치를 말합니다. 어떤 것의 가치란 그것을 얻기 위해 치른 값에 상응합니다. 자유의 대가는 여러분과 저 같은 사람의 목숨으로 치러졌습니다. 오로지 이 사실을 기억할 때에만 우리에게 주어진 자유라는 선물의 가치를 진정으로 이해할 수 있습니다.

1944년의 그날에 세계는 갈림길에 섰습니다. 무모한 작전에 투입된 그들 고귀하고 특별한 장병들이 상륙 작전을 성공했기에 프랑스와 유럽 전역이 해방되었고, 제3제국의 등은 부러졌습니다. 자유를 위한 연합군의 승부수가 성공을 거둔 것입니다.

다음에 극장 스크린이나 집에서 텔레비전으로 〈라이언 일병 구하기〉를 또 보게 된다면, 그곳에 수천 명의 또 다른 라이언 일병이 있었음을 기억해주기 바랍니다. 그들은 다가올 시대와 미래의 세대에게, 그러니까 여러분과 저에게 가치를 매길 수 없는 선물을 주었습니다. 자유라는 선물과 희생의 바탕에서 우리가 더욱 열심히 사는 것이 영령을 기리는 참된 방법이 아닐까요?

Today's the day!

사랑하는 법을
배우다

유사 이래로 인류는 근본적인 질문 하나를 놓고 고민해왔습니다.

"우리는 왜 여기에 있는 걸까?"

목적과 의미를 찾고자 계속되는 이 탐구에 어떤 완벽하고 최종적인 답이 있는지 저는 모르겠습니다.

우리는 왜 여기 있는가? 이 질문에 대하여 저에게 최선의 답을 안겨준 사람은 소중한 친구인 데브라 사이먼Debra Simon이었습니다. 그녀는 워크북과 카세트테이프를 통해 배우는 '인내, 성격, 희망Perseverance, Character, and Hope'이라는 제목의 강좌를 창안했습니다. 데브라는 우리가 "사랑하는 법을 배우려고" 여기에 있다고 설명합니다. 무슨 자다가 봉창 두드리는 소리인가 할 것입니다. 하지만 설명을 좀 들어보면, 사랑하는 법을 배운다는 것이 정말로 우리 삶의 모든 영역에 걸쳐 있다는 사실을 알 것입니다.

'사랑'이라는 단어처럼 오용되고 남용되는 말도 없습니다. 우리가 L, O, V, E라는 네 글자에 뭉개넣는 다양한 감정을 영어가 아닌 다른 언어권에서는 각기 다른 단어로 표현합니다. 하루에도 사랑한다는 말을 얼마나 많이 하고 또 듣습니까? "얘들아, 사랑해.", "핫도그는 사랑이지.", "내 사랑스런 초대형 화면 텔레비전" 등등 모두가 사전적으로 올바른 용법인 동시에 그 용례는 조금씩 다르다는 것도 분명합니다. 따라서 사랑을 행하라는 말도 사람마다 조금씩 다르게 받아들이는 것이 당연하겠지요.

과거를 떠올려볼까요? 누가 나를 사랑으로 대해주었나요? 조부모님, 기억에 남는 선생님, 친한 친구였나요? 이때는 나도 따뜻하고 사랑스런 생각을 갖는 것이 쉬웠을 겁니다. 그들에게 보여준 것과 같은 식의 반응을 별로 사랑스럽지 않은 상대에게, 사랑을 느끼지 않는 상황에서도 보여주는 것이 진짜 어려운 과제입니다.

누군가가 적대감, 무지, 공포 같은 감정을 품고 나를 공격하면 같은 방식으로 되받아치는 게 대부분 사람들의 조건반사일 겁니다. 이러한 반응이 설령 정당하다고 해도, 사랑이 부재한 이런 식의 반응은 파괴적 순환을 이어갈 뿐입니다. 그러나 사랑하는 법을 배워서 어떤 상황에서도 사랑으로 반응한다면 여러분의 주변에 새로운 환경을 조성할 수 있습니다. 사랑의 마음으로 호응하는 사람도 한두 명씩 생기기 시작할 것입니다. 사랑으로 오늘 하루를 특별하게 만들어가길 바랍니다.

Today's the day!

오롯이 혼자의 힘으로는
불가능하다

최근에 세계의 명절과 명절을 쇠는 다양한 방식에 관해 알아볼 기회가 있었습니다. 박싱데이Boxing Day라고 하는 영국의 크리스마스 전통이 제 관심을 끌었습니다. 크리스마스 이튿날이 박싱데이, 즉 물건을 상자에 넣는 날입니다. 귀족들이 하인에게 선물을 주는 전통에서 유래했다는 설이 있습니다. 그런데 영국 군대에서 박싱데이를 맞아 그날 하루는 장교와 사병이 서로 보직을 바꾸었다고 합니다. 유쾌한 시간을 보냈을 뿐만 아니라 그 경험을 통해 적잖은 교훈도 얻었을 것 같습니다.

사람은 바다 위에 홀로 떠 있는 섬이 아니며, 내가 어떤 과업을 이루게 된다면 그것이 무엇이든 주변의 도움이 있었기에 가능하다는 사실을 우리 모두가 머리로는 알고 있습니다만, 실제로 삶의 현장에서는 그 반대로 생각할 때가 많지요.

제 사례를 들려드리겠습니다. 저의 칼럼이나 책들을 읽은 독자라면 더욱 흥미로울 겁니다. 여러분이 읽는 제 글들은 모두 제 마음깊은 곳에서 긁어낸 생각이고 이야기이긴 하지만, 제 말을 받아써 주는 도러시라는 사람의 재능에 힘입어 언론과 출판사 편집자에게 전해지고, 다시 그들의 전문성과 노력 덕분에 신문과 잡지에 실리 고 책으로 출판될 수 있습니다. 또 대형 강연회나 컨벤션에서 저를 본 사람들은 제가 무대에 혼자 선 모습만을 떠올리겠지만 켈리라는 숙녀분의 꾸준한 노력이 아니었다면 행사 자체가 불가능했을 겁니 다. 저를 텔레비전 화면으로 만난 사람이라면 혼자 출연한 제 모습 이나 누군가를 인터뷰하는 장면만 기억하겠지만, 그게 다 스튜디오 제작진인 베스와 수전의 창의적 역량 덕분입니다.

회사 사무실은 또 어떤가요? 컴퓨터로 온갖 복잡한 업무를 척척 해내는 클로버가 있습니다. 클로버가 없다면 사무실은 단 하루도 굴러갈 수 없습니다. 마지막으로 동업자 캐시를 빼놓을 수가 없군 요. 자료 조사에 능하고 전략적 사고를 하는 인물이지요. 그녀가 저 에게 이렇게 저렇게 얘기해주지 않는다면 시청자들은 텔레비전에 나오는 번듯한 사람이 아니라 저의 본래 모습을 보게 될 겁니다. 여 러분이 저라고 믿는 건 사실 제가 아닙니다. 끝내주는 팀이 제 옆에 붙어서 제 꿈을 현실로 이루어주고 있는 것이죠.

여러분도 각자의 상황에서 생각해보았으면 합니다. 평소에 자부 심을 느끼는 성과나 성취가 있나요? 그것이 오롯이 혼자의 힘으로 가능했나요? 누가 있었나요? 그들의 기여를 떠올리며 오늘은 고맙 다는 말 한마디라도 해보는 게 어떨까요?

Today's the day!

바꿀 수 있는 것에만
집중하라

Wisdom for Winners

세상과 담을 쌓고 살거나 어디 먼 행성으로 장기 휴가라도 다녀오지 않은 다음에야 유전자 복제에 관한 논란은 질릴 만큼 접했을 것입니다. 방송 같은 데에 온갖 전문가들이 나와서 각자의 주장을 풀어내고 있지요. 저마저 숟가락을 얹겠다는 것은 아니니 안심하기 바랍니다.

유전자 복제와 줄기세포 연구 등과 관련하여 미디어가 주목하는 현재의 논란을 보면서 저는 오히려 어떤 근원적인 질문들을 던져볼 기회라고 생각했습니다.

그중에서도 가장 오래되고 기본적인 질문, 그런 만큼 정답도 없는 게 바로 "나라는 사람은 누구인가?"라는 명제입니다.

행동과학자들은 오랫동안 우리가 환경의 산물인지 아니면 유전의 산물인지에 대해 수치화하려고 시도해왔습니다. 이 주제에 대한 말과 글도 넘치게 많습니다. 논쟁은 뜨겁지만 결론은 갈팡질팡합니다. 저는 유전자 복제 문제와 마찬가지로 우리가 환경의 산물이냐 아니면 유전의 산물이냐에 관한 문제에도 제 의견을 보태지 않겠습니다. 중간 어디쯤에 답이 있지 않을까, 개인적으로는 그렇게 생각합니다. 아마도 우리는 환경과 유전 모두의 산물이 아닐까요?

여기서 우리의 질문을 상기하며 이렇게 말해볼까요?

"내 유전자를 바꿀 수 있는 방법은 없다. 내 과거의 환경을 바꿀 수 있는 방법도 없다. 따라서 나라는 사람은 누구인가라는 명제에 영향을 미치는 유일한 변수는 지금 이 시점부터 앞으로 내가 놓일 환경뿐이다."

내 주변의 사람과 장소, 미디어, 일반적 환경에 의해서 내가 바뀌거나 영향을 받을 것이라는 사실을 추호의 의심도 없이 확신한다면, 이러한 요소에 대해 뭔가 더 적극적인 조치를 취하지 않을까요? 내가 결국은 나와 함께 많은 시간을 보내는 사람을 닮아갈 것이라는 사실을 믿어 의심치 않는다면, 나에게 긍정적인 영향을 줄 만한 친구와 동료를 더 자주 만나고 가까이 두려고 하지 않을까요? 또한 내가 읽는 책과 내가 보는 미디어가 나의 세계관과 진로와 인격을 바꿀 것이라고 믿으면, 더 가치 있고 좋은 것들을 눈앞에 두려고 하지 않을까요?

> 내가 결국은 나와 함께 많은 시간을 보내는 사람을
> 닮아갈 것이라는 사실을 믿어 의심치 않는다면,
> 나에게 긍정적인 영향을 줄 만한 친구와 동료를
> 더 자주 만나고 가까이 두려고 하지 않을까요?

절대로 풀리지 않을 문제를 놓고 토론히느리 과학이 많은 시간과 돈을 낭비하고 있는 사이에 오늘 우리는 내가 사는 세상과 내가 어떻게 해볼 수 있는 문제에, 그래서 바꿀 수 있는 것에만 집중하면 어떨까 합니다.

Today's the day!

웃음이 삶의 질을
높인다

웃음이 보약이라는 말이 있습니다. 우리 세상에도 상처와 분쟁을 치유할 약이 절실하게 필요합니다.

인생에서 좋았던 시간, 여러분이 만난 특별한 이들을 떠올려보기 바랍니다. 그 소중한 기억에는 십중팔구 웃음이 함께했을 것이고, 지금도 입가에는 미소가 그려질 것입니다. 어떤 시간과 장소를 단지 떠올리기만 해도 저절로 웃음이 나오는 그런 강력한 추억이 있습니다. 세월이 한참 지나서도 말이지요. 이러한 시간을 차곡차곡 모아가는 일을 저는 '기억 은행에 잔고 쌓기'라고 표현합니다.

웃음의 힘에 고개를 갸웃한다면 노먼 커즌 Norman Cousin의 책 《질병 분석 The Anatomy of an Illness》을 참고해볼 것을 권합니다. 노먼 커즌은 이 책에서 웃음의 힘으로 불치병을 극복한 자신의 이야기를 들려줍니다. 과도한 낙천주의나 뜬구름 잡는 소리가 아닙니다. 웃음에는 임상적, 생리적 효과가 있습니다. 더 중요한 점은 웃음이 삶의 질을 높인다는 것입니다.

켈리 모리슨Kelly Morrison은 저희 회사 마케팅 실장입니다. 이 칼럼은 물론이고 텔레비전 방송, 책, 강연회 등과 관련된 일을 합니다. 동시에 자신이 쓴 곡을 직접 노래하는 재능 있는 가수이기도 합니다. 그녀의 대표곡이자 불후의 명곡이 〈그대 웃어요Laugh a Little〉인데, 살다 보니 인생길이 갈라지게 된 두 사람이 이별을 하면서 어떤 상황에서도 항상 웃고 기뻐하라고 서로에게 조언해주는 내용의 가사입니다.

오늘은 기쁨과 웃음을 내 삶과 주변 사람들의 삶에 가져올 방법을 찾아보면 어떨까요? 더 건강하고, 행복하고, 훨씬 더 환영받는 그런 사람이 될 것입니다. 스트레스가 클 때일수록 특히 웃음을 잃지 말길 바랍니다. 즐거운 책이나 영화를 보는 것도 좋지만 기억 은행의 넉넉한 잔고에서 웃음과 기쁨을 즉시 출금하는 방법이 가장 편리하겠지요? 이번 주에는 세상에 웃음을 가져오는 일에 집중해보면 좋을 것 같습니다.

Today's the day!

다리를 놓을 것인가,
경계를 그을 것인가

Wisdom for Winners

인간관계란 서로에 대해서 다리를 놓거나 혹은 경계를 긋는 일이라고 생각합니다. 다리는 나를 상대와 이어주는 신뢰의 감정입니다. 경계란 내 주변에 방어벽을 쌓는 불신의 감정입니다. 다리와 경계는 모두 세워지자마자 그 대상이 되는 사람의 시험을 거칠 수밖에 없습니다.

여러분이 불편함을 느낄 정도로 여러분에게 다리를 놓는 사람을 적잖이 경험해봤을 것입니다. 예를 들어 어떤 이웃을 알게 되었는데 친한 척을 해서 받아줬더니만 시도 때도 없이 여러분의 집에 찾아와서 이것저것 거리낌 없이 막 빌려가는 그런 경우 말입니다. 이런 다리는 관계의 요소들을 충분히 지탱할 만큼 튼튼하지 않은 것이지요. 반대로 정말로 도움이 필요한 오래된 친구라면, 설령 여러분이 집에 없더라도 현관문 비밀번호를 알려주고 필요한 물건을 가져가라고 할 수 있습니다. 관계의 요소를 충분히 지탱해줄 튼튼한 다리가 놓여 있기 때문입니다.

경계에도 같은 방식이 작용합니다. 인간관계에서 경계가 정해지면 곧바로 시험을 받지요. 네 살짜리 아이에게 마당 밖으로는 나가지 말라고 아무리 말해보았자 몇 분 안에 마당 밖으로 나간다에 제 돈을 걸어도 좋습니다. 모든 다리와 경계는 시험을 받습니다.

일상생활에서든 직장에서든 가능한 한 경계를 긋기보다는 신뢰의 다리를 놓는 게 낫습니다. 불신을 버리고 높은 방어벽을 허무세요. 다리를 놓고 신뢰할 수 있는 사람들과 어울리는 편이 경계를 딱 긋고 그만큼만 신뢰하는 것보다 낫습니다.

누군가에게 "이 일을 제때 제대로 처리해줄 거라고 믿어."라고 말하는 것은 "이 일을 이렇게 저렇게 하지 않으면 혼이 날 줄 알아!"라고 말하는 것보다 훨씬 더 좋은 상황입니다. 대부분의 사람은 기회가 주어지면 스스로 믿을 만한 사람이 되고자 애씁니다. 경계가 아니라 다리가 그들 사이에 있다면 말이지요. 감옥이란 것은 말하자면 다리를 이해하지 못하는 소수의 사회 구성원에게 절대적인 경계를 그을 수밖에 없기에 존재하는 것입니다. 하지만 선량한 보통 사람들은 상대가 보여주는 신뢰에 부응하려고 하며, 그 기대치에 맞춰서 행동을 합니다.

지난 수십 년을 시각장애인으로 살아온 저는 말 그대로 수백 명의 상점 점원과 호텔 직원, 택시 기사 등에게 현금을 주어왔습니다. 그들 다수가 제 눈이 보이지 않는다는 사실을 알고 있었음에도 여태껏 저를 속인 사람은 단 한 명도 없었습니다. 좋은 일을 기대하고 사는 사람에게는 대체로 좋은 일이 일어나는 법입니다.

다리를 놓고 신뢰할 수 있는 사람들과 어울리는 편이
경계를 딱 긋고 그만큼만 신뢰하는 것보다 낫습니다.

경계를 지우고 다리를 놓는 오늘 하루를 보내길 바랍니다.

Today's the day!

누가 내 이야기에
관심을 가질까

Wisdom for Winners

저녁 뉴스를 보고 지구촌 소식을 들으면 세상에는 정말 별의별 사람이 다 있다는 생각이 들 것입니다. 다른 나라에 사는 사람들은 분명히 우리와 다른 생활양식을 가지고 있지만, 그것은 그저 그곳 환경의 산물일 뿐입니다. 그들의 희망과 목표, 꿈, 욕망은 우리의 것과 크게 다르지 않습니다.

최근에 구소련 지역의 경제지 관계자가 저를 만나러 왔습니다. 제가 매주 연재하는 〈이기는 사람들의 지혜〉 칼럼을 러시아어, 우크라이나어, 리투아니아어, 에스토니아어, 라트비아어로 번역해서 잡지 지면에 싣고 싶다는 것입니다. 제 입에서 먼저 이런 말이 튀어나왔습니다.

"비즈니스, 성공, 동기 부여, 다 이런 내용의 칼럼인데 그곳 사람들이 정말로 관심 있어 할까요?"

"그럼요, 사람들 관심은 다 비슷비슷합니다."

그가 이렇게 대답하더군요. 맞습니다. 사람은 어디나 똑같을 겁니다. 그들도 당연히 오늘보다 나은 내일을 살고 싶고, 자녀와 손자, 손녀에게 더 밝은 미래를 물려주고 싶겠지요.

자본주의와 자유기업 제도를 경험한 지 얼마 되지 않은 그곳 사람들은 정보와 지식에 목말라합니다. 방법과 기술은 현재 미국보다 뒤처져 있지만 그리 오래 걸리지 않아서 불타는 욕망과 강력한 동기로 만회할 것입니다.

우리는 글로벌 사회의 지구촌 경제 안에서 살고 있습니다. 이전보다 빠르고 비싸지 않은 교통과 초고속 인터넷이 사람들의 삶과 비즈니스 방식을 바꾸고 있습니다. 과거에는 사업을 시작할 때 도시의 몇 블록과 몇 킬로미터까지를 영업 범위로 정할 것인지를 절충해야 했지만, 이제는 인터넷으로 지구 전체가 우리의 시장이 될 수 있습니다.

지금까지는 비즈니스를 고려할 때 흔히들 나 자신과 주변 이웃만을 생각하곤 했습니다. 그러나 21세기를 사는 우리는 지구 반대편에 있는 이들까지도 생각해야만 합니다. 신기술 덕분에 그들이 실제로 우리의 이웃이 된 셈입니다.

이 글을 읽고서 어떻게 지구촌 주민을 여러분의 성공과 여러분의 미래에 편입시킬 수 있을지 고민이 된다면, 그들도 지금 여러분과 같은 글을 읽고 있으며 본인의 성공을 몹시도 바라고 있다는 사실을 기억하기 바랍니다.

지구 반대편 사람들이 자기가 목적한 바를 이룰 수 있도록 여러분이 돕는다면, 그것을 다시 여러분의 목적으로 삼고 그 일에 초점을 맞춘다면 절대 실패하지 않을 것입니다. 삶이란 여전히 타인의 욕구를 충족시켜줌으로써 니 지신을 돕는 문제인 것입니다.

여러분의 비즈니스를 오늘날 내 동네에서, 내 도시에서, 더 나아가 지구촌 곳곳에서 어떻게 성공적으로 운영할 수 있을지 생각해보기 바랍니다.

Today's the day!

각자의 잣대에 맞춰
살게 내버려두라

Wisdom for Winners

알고 있겠지만 세상은 별의별 사람들로 가득합니다. 그중에는 내 성격과 잘 맞는 사람도 있고, 단순히 그렇지 않은 사람도 있습니다. 그것 자체로는 문제가 아닙니다. 세상이란 원래가 이런저런 사람들이 더불어 모여 사는 곳이니까요.

문제는 그들에게 본래의 모습과 다른 것을 기대할 때 생깁니다. 예를 들어 습관적으로 약속에 늦는 친구나 지인이 주변에 한 명쯤은 다 있을 것입니다. 만약에 이게 어느 특정인의 유일한 문제라면 대처를 할 수 있겠지요. 약속에 항상 늦는 사람이라는 게 여러 번에 걸쳐서 확인되면 그때부터는 약속 시간을 그냥 좀 넉넉하게 잡으면 됩니다. 문제는 항상 늦는 사람이 제시간에 나타나길 바랄 때 발생합니다.

나는 그 사람이 정시에 나타나지 않아서 걱정이 되고 조바심이 드는데, 정작 그 사람은 어김없이 약속 시간보다 30분 늦게 어슬렁어슬렁 등장하면 문제가 생기는 겁니다. 왜냐하면 상대방이 시간을 엄수할 것이라는 기대를 가진 나라는 사람이 스스로를 달달 볶는 동안, 시종일관 늦는 사람의 마음은 태평하며 조바심 내는 당신에게는 신경을 하나도 안 쓸 것이기 때문입니다. 이때는 특유의 균형 잡기가 필요합니다. 타인에게 그들의 최고를 기대하는 한편, 타인이 나는 이런 사람이라고 스스로 입증해온 그런 사람일 수도 있게끔 허용해주는 겁니다.

세상에는 그런 사람들이 있습니다. 결코 방정하거나 사려가 깊거나 정중하거나 프로페셔널하지 않은, 혹은 시간을 잘 지키지 않는 사람 말입니다. 이러한 문제를 대하는 것은 쉽지 않은 과제이지만, 나의 잣대로 타인에게서 본모습과 다른 모습을 기대할 때 스스로가 직면할 문제에 비하면 아무것도 아닙니다. 타인이 내 기준에 맞춰서 살 것이라고 바라서는 안 됩니다. 우리가 할 수 있는 일이란 단지 그들의 행동에 대해 부적절하게 여긴다는 점을 지적하고 정말로 도움을 원하는 정도까지만 도와주는 것뿐입니다.

약속 시간에 늦고, 무례하고, 엉망이고, 프로답지 못한 등등의 사람들이 그런 행동을 하는 까닭은 대체로 그들 삶의 어딘가에서 그러한 행동에 나름의 이득이 있다는 것을 배웠거나 아니면 불이익이 그들의 행동을 바꿀 만큼 충분하지 않았기 때문입니다. 약속 시간에 계속해서 늦는 친구가 있다면 불평을 늘어놓는 대신에 그냥 그 친구를 빼고 일을 진행해버린다면 아마도 자신의 행동을 바꾸기 시작하지 않을까요? 그때까지 타인의 불평과 스트레스가 그 정도 동기 부여도 되지 못했다는 건 분명하니까요.

상대에게 항상 진지한 자세로 최선의 모습을 바라되, 그들이 정말로 그들 자신일 수 있도록 여지를 주는 것입니다. 우리는 이 세상에서 오직 단 한 사람의 행위에만 진짜 영향력을 행사할 수 있습니다. 바로 자기 자신입니다. 본인의 행위에 모든 에너지를 집중하라는 말입니다. 타인은 각자의 잣대에 맞춰서 살도록 내버려두고요.

Today's the day!

밑져야 본전이니
문서로 남겨두어라

Wisdom for Winners

시각장애인인 제가 지금껏 얼마나 많은 글을 썼는지 생각하면 헛웃음이 나오곤 합니다. 책만 해도 여러 권을 썼고, 여러 매체에 실리는 주간 칼럼도 지난 수년간 수백 편 썼으니까요. 제가 생산한 무수한 글자를 비록 인쇄된 상태로 읽지는 못합니다만, 그럼에도 불구하고 저는 여전히 글로 쓰거나 서면으로 남겨야만 하는 때가 있다는 사실을 잘 압니다. 일에서는 물론이고 일상에서도 하얀 종이 위에 쓰인 글씨를 무엇도 대신하지 못하는 경우들이 있다는 거죠. 문서가 꼭 필요한 여섯 가지 경우를 정리해보았습니다.

1. 진실성에 의문이 드는 경우라면 무조건 서면으로 남겨야 합니다. 거래나 매매 처리 과정에서는 항상 진실성 문제가 발생한다는 점을 상기하기 바랍니다. 평소에 관계를 맺어온 사람들의 정직성에 의문을 제기하자는 말이 아닙니다. 단지 요즘에는 수많은 인수 합병과 매각 등이 일어나기 때문에 진

실성 문제가 대두되는 중요한 순간에 내가 협의를 한 정직한 그 사람은 관련자가 아닐 수도 있다는 것입니다.

2. 서면으로 작성해놓으면 기억력 문제도 사라질 것입니다. 어제쯤 계약을 마쳤거나 합의에 이르렀다면 그것이 너무나 중요하고 기억할 수밖에 없는 일이기에 나도 상대방도 약속한 바를 절대로 잊을 수 없다고 생각할 것입니다. 그러나 현실은 그렇지 않지요. 그로부터 18개월만 지나도 상대방의 이름조차 가물가물할 겁니다. 제 일에는 친구와 가족도 얽혀 있습니다. 그때도 서류를 작성합니다. 당연히 못 믿어서가 아닙니다. 나중에 서로의 기억이 다르거나 하면 관계가 파탄날 수도 있으니까, 소중한 관계를 잘 지키기 위해서 반드시 그렇게 하는 것입니다.

3. 분쟁으로 이어질 수 있는 불편한 상황이나 언쟁 중에 있다면 내 생각과 감정을 글로 써보는 것도 좋습니다. 언쟁이나 오해가 생기면 사람들은 아주 예민해집니다. 적절하지 못한 단어나 말을 실수로 내뱉어서 평생 후회할 수도 있지요. 화가 나 있거나 마음에 짜증이 가득하다면 일단 입을 닫고 있는 편이 현명합니다. 자신의 생각과 감정, 입장 등을 글로 적어서 상대에게 보여주면, 상대도 답변을 내놓기 위해 보통 그것을 처음부터 끝까지 다 읽어야만 합니다. 꼭 기억하십시오. 말싸움을 하면 내 말은 십중팔구 중간에서 잘리고 상대의 주

장이 그것을 덮습니다. 양측 누구도 자신의 전체 입장을 온전히 펼쳐놓지 못합니다. 의사소통이 대부분 갈등 해소의 열쇠입니다. 글로 쓰면 나와 상대방 모두가 말하기 전에 생각하고 따져볼 수 있습니다.

4. 회의를 시작할 때 의제를 제시하고, 회의가 끝난 다음에 필요한 후속 조치를 정리하는 일은 항상 서면으로 해야 합니다. 제가 오래 일을 하며 깨달은 사실이 있습니다. 회의, 협상 등에서 모두가 논의할 안건을 종이에 써서 가져온 사람이 그 대화의 향방을 좌우한다는 것입니다. 설령 당신이 적어온 의제에 모두가 동의하지는 않는다고 해도, 적어도 모두가 거기에서부터 이야기를 시작할 수밖에 없습니다. 대면 회의나 전화 회의(컨퍼런스 콜) 후에 관련자들이 할 일을 정리하고 약정한 내용을 서면으로 남기면 남은 일이 매끄럽게 진행됩니다. 어떤 일을 빨리 해라 마라, 이런 약속을 했니 안 했니 입씨름을 할 시간을 줄여주기 때문입니다.

5. 누군가에 대한 고마운 마음, 칭찬과 격려는 가능한 한 글로 써서 전합니다. 여러분이 가진 감사와 존중의 마음을 물리적으로 드러내는 방법입니다. 내 상품을 사준 사람이나 나를 위해 일해준 이에게 감사장을 손으로 써서 드리면 그 이상의 멋진 효과가 날 것입니다. 이메일과 인터넷 메신저 시대에 정성이 담긴 손 글씨는 더 큰 의미로 다가올 것입니다. 하이테

크로 살아야 할 때가 있습니다만, 칭찬하고 감사하는 일에서
라면 신기술은 편리하긴 해도 효과적이지는 않을 것입니다.

6. 내 팀이나 조직이 이루어야 할 목적이 있다면 그 내용을 서
   면에 담아서 관련자 모두에게 나눠주고 잘 보관하게 합니다.
   나 자신에게만 해당하는 목적도 마찬가지입니다. 이 사회에
   는 서면 약속은 반드시 지킨다는 문화가 있습니다. 그렇게
   교육을 받습니다. 집이나 자동차를 사거나 대출을 받을 때
   수북한 서류에 서명을 해야 하는 까닭입니다. 서류이기 때문
   에 진지하게 여깁니다. 내가 약정을 했다는 사실을 아는 것
   입니다. 여러분의 삶의 목적보다 더 중요하게 지켜야 할 약
   정이 있던가요?

이러한 여섯 가지 경우가 아니더라도 밑져야 본전이니 가능한
한 글로 적어놓을 것을 권합니다. 굳이 서면이 아니어도 되었던 일
이라면 약간의 수고를 한 게 다겠지만, 만약에 서면으로 꼭 남길 일
이라면 그 종이 한 장의 가치는 이루 말할 수가 없을 테니까요.

Today's the day!

3부

돈과 비즈니스를 이해하라

"인생과 비즈니스란 전반적으로 말해서 이런 것입니다.
일을 처리하고 타인의 욕구를 만족시키는 데 있어서 현재 체계로도
뛰어나야 하고, 동시에 더 새롭고 개선된 방법도 고민할 것!
이 둘 사이에서 균형을 잘 잡아야 합니다." _짐 스토벌

사회에서 나라는 사람의 정체성은 이름을 제외하면 주로 무슨 일을 하느냐로 규정됩니다. 사람을 소개받고 나면 그다음으로 서로의 직업과 경력에 관한 정보를 주고받는 것이 일반적이지요. 사랑하는 이들과 보내는 시간보다 일하는 데 쓰는 시간이 더 많을 것입니다. 그렇다면 필히 내가 하는 일을 즐기며 그 일에서 두드러지고 내 경력에 만족해야 하지 않을까요? 조폐공사에 다니는 사람만 없던 돈을 새로 만듭니다. 나머지 사람은 타인의 돈을 내 돈으로 만들어야 합니다. 이처럼 돈은 다른 사람의 삶에 어떤 가치를 창조해준 대가로 얻는 것입니다. 돈을 많이 벌고 싶다면 돈을 좇지 마세요. 사람들에게 더 도움이 될 유의미하고 심층적인 방법을 찾으세요.

성공이란 기본적으로 윈윈 게임입니다.

돈이라는
유산

Wisdom for Winners

돈이야말로 우리 사회의 가장 오도된 재화일 것입니다. 지금 사람들은 모든 것의 가격은 알지만 어떤 것의 가치는 이해하지 못합니다. 분쟁, 이혼, 불화도 결국 돈 때문에 일어난 경우가 많습니다.

돈을 향한 건강한 태도가 필요합니다. 그러자면 먼저 돈은 도구나 수단이지 그 이상도 이하도 아니라는 사실부터 이해해야겠지요. 돈이 있으면 원하는 것을 갖거나 가고 싶은 곳에 갈 수 있습니다. 만약에 원하는 것이 없거나 가고픈 곳이 없다면 돈은 가치가 없다는 얘기입니다.

만약에 돈이 목적하는 대상이 아니라면 삶은 어떻게 달라질까요? 쉽지 않은 질문입니다. 왜냐하면 우리가 돈을 바탕에 두지 않고 어떤 결정을 내리는 일은 드물기 때문입니다. 하지만 그것은 세상을 보는 빈곤한 방식입니다. 좋거나 옳거나 의미가 있는 것을 먼저 결정하고 나서 돈 걱정을 하는 게 바른 순서입니다.

한번 생각해보기 바랍니다. 내가 제공할 창의성, 서비스, 가치가 부족하면 부족했지, 세상에 돈이 부족해서 내 주머니에 돈이 없었던 적이 있었나요? 단 한 번도 없었을 겁니다. 돈은 타인의 삶에 어떤 가치를 제공해준 대가 그 이상도 이하도 아닙니다. 만약에 여러분이 돈에 관한 걱정은 그만두고 대신 다른 사람의 삶에서 가치를 창조하는 일에 대한 고민을 시작한다면, 필요한 것보다 더 많은 돈을 벌 것입니다. 그러나 돈에 대해서만 고민하면 결코 충분한 돈을 갖지 못할 것입니다. 빈 난로가 눈앞에 있는데 "나를 따뜻하게 해주시오. 그러면 나무를 드리겠소."라고 말하는 것 같은 바보짓입니다.

> 돈은 타인의 삶에 어떤 가치를 제공해준 대가
> 그 이상도 이하도 아닙니다.

'돈이라는 유산'은 저의 책《최고의 유산 상속받기》에 나오는 삶의 열두 가지 선물 가운데 하나입니다. 이 책에서는 돈을 비롯한 열두 가지 선물을 소개하고 있습니다. 이를 통해 여러분의 삶에는 각자의 꿈과 인생의 목적을 이루는 데 필요한 모든 것이 이미 마련되어 있다는 사실을 알려줍니다. 돈이라는 유산을 잘 활용하길 바랍니다. 돈은 하인으로 부려야 하는 것이지, 여러분이 돈의 노예가 되어서는 안 됩니다. 여러분의 가장 큰 꿈과 인생의 목적을 달성하는 멋진 삶을 펼쳐나가길 바랍니다.

Today's the day!

비즈니스의
주인이 되려면

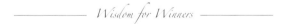

비즈니스란 원래 사람 대 사람으로 하던 것이었습니다. 내 낙타와 너의 밀 몇 바구니를 바꾸자, 뭐 이런 식으로 주고받는 것이었거나 아니면 구두 계약을 맺고 개인적 서비스를 제공하는 형태였습니다. 그러다가 차츰 세련되어졌습니다. 시장이 들어섰고, 화폐가 생겼습니다. 교환 수단이 아주 복잡해졌습니다. 국가나 대기업이 통제하는 유통망을 통해서 사업이나 장사를 할 수밖에 없는 상황이 되어버린 것이지요.

코딱지만 한 사업체를 운영하는 소상공인조차도 매체에 광고를 한다든지 업종별 전화번호부에 이름을 올리는 등 기성 경로를 통하지 않으면 개별 고객의 욕구와 필요를 만족시킬 수 없었습니다.

그러던 것이 인터넷의 등장으로 싹 바뀌었습니다. 비즈니스 방식에 일대 혁명이 일어났습니다. 그렇다고 해서 인터넷이 전담미문의 새로운 수준으로 우리를 데려가주지는 않을 것입니다. 오히려 우리를 과거의 시작점으로 데려다줄 것이라고 생각합니다. 많은 초보 사장들이 집에서 컴퓨터와 전화기만 놓고 사업을 벌이고 있습니다. 밤이고 낮이고 상관없이 세계 어느 곳이나 다 시장이 됩니다. 제약이나 제한은 거의 없습니다. 여러분 중에서도 전자상거래 도입을 계속 피하거나 미루었던 사람이 있을 테지만, 오프라인 비즈니스는 나날이 그 실용성을 잃고 있습니다. 비즈니스가 처음에 그랬던 대로 고객을 한 명씩 직접 상대할 수 있는데 굳이 겹겹의 중간 과정을 거칠 필요가 없기 때문입니다. 이러한 발전은 오래된 격언 두 가지가 아직도 유효함을 증명합니다.

"변한다는 사실만 빼고 다 변한다."

"태양 아래 새로운 것은 없다."

여러분이 비즈니스, 경력, 혹은 인생에서 일대 혁명을 이루려는 마음만 있다면 기술적인 문제는 크게 걱정할 필요가 없습니다. 그냥 다음 질문에만 골몰하면 됩니다.

"나는 어떤 상품, 서비스, 정보를 세상 사람들에게 제공할 수 있을까?"

인터넷은 눈 한 번 깜박할 시간에 전 세계 수많은 사람과 비즈니스를 할 수 있게 하지만, 그 기능은 인류의 첫 거래 때와 하나도 달라진 게 없습니다. 비즈니스는 반드시 편리하고 쾌적한 거래 환경에서 교환 가치를 제공해야 합니다. 21세기에도 번창하는 비즈니스의 주인이 되려면 최신 기술을 도입해야겠지만 그 방법만큼은 가장 오래된 것이어야 할 겁니다.

Today's the day!

비즈니스의 성패를
좌우하는 것

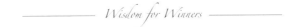

열 번째 책을 갓 탈고한 시각장애인 작가로서 이런 오래된 격언을 떠올리게 됩니다.

"책 표지만 보고서는 내용을 알 수 없다."

하지만 저의 경험에 비추어보면, 책 표지만 보고 내용까지 어림잡는 사람도 많다는 결론을 피하기 힘듭니다. 중요하지 않은 껍데기 인상을 근거로 알맹이를 재단하는 것은 삶의 다른 영역에서도 흔한 일입니다.

비즈니스를 하는 사람은 모두가 자기 상품이나 서비스를 판촉하고 판매하려고 애씁니다. 내가 우리 회사에 대해서 자신이 있는 만큼 고객도 알아주길 바랍니다. 하지만 결론적으로 말하자면, 사람들은 상품이나 서비스 본연의 가치에 근거해서 거래를 하지 않습니다. 상품이나 서비스를 제공할 수 있는 능력조차도 근거로 삼지 않습니다. 잠재 고객이 구매 결정을 내리는 근거는 상품과 서비스를 제공하는 우리의 능력에 대한 그들의 인식일 때가 많고, 이것이 비

165

즈니스의 성패를 좌우합니다.

표지만 보고 책장을 들추지 않는 독자라면 결코 책에 든 보물을 발견하지 못할 겁니다. 이 말을 달리 하면, 아무리 훌륭한 상품과 서비스를 내놓는 기업이라고 할지라도 만약에 시장에서 이들 상품과 서비스를 제공하는 그들의 능력에 대한 인식이 실제와 다르다면 실패할 것이라는 이야기입니다.

레스토랑이나 호텔을 이용하거나 자동차를 구매하는 등등의 경우에서 과장 광고나 약속 불이행 때문에 처음에 가졌던 기대와 상당히 동떨어진 경험을 한 일이 저마다 있을 겁니다. 사실, 인식의 힘이란 것이 여러분에게 유리하게 작용하려면 여러분의 상품과 서비스가 어디에 내놓아도 일단 경쟁력이 있어야 합니다. 그 확신이 마음속 깊이 단단히 자리를 잡고 있어야만 하죠. 만약에 고객도 이러한 사실을 안다면 서로에게 좋은 관계가 계속 이어질 수밖에 없습니다.

이처럼 자신의 비즈니스를 살필 때는 일단 여러분이 대안을 찾기 힘든 최선의 상품이나 서비스를 제안하거나 제공하고 있는지부터 확인해야 합니다. 그런 다음에 여러분의 비즈니스에 대한 시장의 인식도 그와 일치하는지를 객관적으로 판단하려고 노력해보십시오. 잠재적 고객이 여러분을 만납니다. 영업장에 옵니다. 그곳에서 직원이든 동료든 사람들과 이야기를 나눕니다. 여러분과 이메일 등으로 의사소통을 합니다. 이때 그들이 어떤 경험을 합니까? 여기에 대한 답이 필연적으로 비즈니스와 인생에서 여러분의 운명을 결정지을 것입니다.

어떤 상품과 그것을 제공하는 능력에 대한 자부심이 확실하다면, 그다음으로는 여러분이 고객을 대할 때 갖는 긍지와 마음, 전문성 등에 대한 시장의 인식도 정말로 여러분의 생각과 일치하는지 확인해야 합니다.

Today's the day!

긍정적 사고와
자신에 대한 믿음

Wisdom for Winners

오늘날 우리 사회는 모든 것에 가격표를 붙여놓았지만 가치에 대해서는 정말로 무지합니다. 사람들은 즐거움을 가져다주지 않을 것만 애지중지하고, 값을 매길 수 없을 만큼 소중한 것들은 무시합니다.

돈과 관련한 목표를 정할 때는 그것이 다른 누군가가 아닌 정말로 나 자신의 목표가 맞는지 확인해야 합니다. 메시지의 융단폭격이 우리 머리에 쏟아집니다. 기분이 좋아지려면, 내가 중요해지려면 반드시 이런 자동차를 몰고 저런 음료를 마시고 어떤 브랜드의 옷을 입어야 한다고 말합니다. 이런 메시지는 영향력을 발휘합니다.

저는 방송업계에 몸담고 있습니다. 텔레비전 산업이 시청자를 얼마나 바보로 보는지 알면 놀랄 겁니다. 고등학교를 막 졸업한 평균적인 젊은이라면 그동안 방송으로 수천 건의 살인과 폭력 범죄 장면을 보아왔을 것입니다. 방송국 경영진은 "사람들이 허구와 실제의 차이를 이해한다."며 그런 화면이 시청자들에게 영향을 주지 않는다고 항변하지만, 같은 논리라면 왜 슈퍼볼 경기 중간에는 아침 식사용 시리얼 신제품 광고료로 분당 백만 달러가 훌쩍 넘는 비용을 책정할까요?

가격과 가치가 우리를 놓고 전투를 벌이고 있습니다. 마음을 빼앗으려는 전투입니다. 나라는 존재가 다름 아닌 내가 하는 지배적 생각의 산물에 불과하다면, 우리가 보유할 수 있는 가장 가치 있는 재산이란 바로 긍정적인 사고, 나를 믿는 사고방식일 것입니다.

《포춘FORTUN》 선정 세계 500대 기업 최고경영자들에 대한 최근의 조사를 보면, 이들 다수가 가지는 특징은 교육, 기술 수준, 직업윤리 같은 게 아닙니다. 이 뛰어난 비즈니스 리더들이 가진 공통적인 특징은 바로 그들 자신에 대한 믿음을 갖게 해주고 동기를 부여하는 긍정적인 글을 꾸준히 읽는다는 점입니다.

자아의 양식이 있고, 육체의 양식이 있고, 마음의 양식이 있다고 합니다. 이것들 사이에서 선택을 고민한다면 다음에는 마음의 양식을 고르기 바랍니다. 삶의 모든 영역에서 분명히 변화를 감지할 것입니다.

Today's the day!

돈을 번다는 것의
의미

Wisdom for Winners

세상에 돈이 부족해서 내 지갑에 돈이 없었던 적은 결코 없습니다. 아이디어, 영감, 동기, 창의성 부족이 돈 부족이라는 결과로 나타난 적은 적잖이 있었을 테지만 말입니다. 조폐공사에 다니는 사람만 없던 돈을 새로 만듭니다. 나머지 사람은 타인의 돈을 내 돈으로 만들어야 합니다.

사람은 일을 하고서 그 일을 한 대가로 돈을 받습니다. 공정한 교환의 과정입니다. 어렵거나 위험한 일, 전문성이 요구되거나 많은 훈련을 받아야 하는 일이라면 보수도 높습니다. 일을 시작한 첫날에 필요한 모든 훈련을 마치고 업무 배정까지 받을 수 있는 그런 일도 많습니다만, 딱히 보수가 좋지는 않을 것입니다. 하지만 신경외과 의사 같은 경우는 다르지요. 의학 공부를 시작한 첫날부터 환자를 볼 수는 없지만, 의대를 졸업하고 의사 자격을 취득할 시점에는 커다란 보상이 약속됩니다.

인도주의적인 봉사와 일 사이에 반쯤 걸쳐 있는 직업도 있습니다. 이때의 보상은 적어도 부분적으로는 그 일을 완수하는 데서 오는 만족감으로 주어집니다. 복지사나 성직자들이 대표적이고, 공립학교 교사들도 그런 편입니다. 제가 사는 오클라호마는 교사의 처우 문제가 매우 심각합니다. 그들의 직무와 맡고 있는 책임이 중요하지 않다고 말할 사람은 없을 것입니다. 금전적 보상 차원을 넘어서는 일입니다.

이다음에 여러분의 마음에서 "돈을 더 많이 벌고 싶어."라는 외침이 들리거든 이렇게 자문해보면 어떨까요?

"다른 사람의 삶에 더 많은 가치를 창조해주려면 나는 어떤 상품과 서비스를 제공해야 할까?"

먼저 이 질문에 답하고 거기에 합당한 일을 하면 벌이도 분명히 더 좋아질 것이라고 장담합니다. 아무쪼록 여러분 모두 부자 되기를 바랍니다.

Today's the day!

시간을 어디에
쓸 것인가

—— *Wisdom for Winners* ——

"시간은 돈이다."라는 격언을 들어봤을 겁니다. 시간의 검증을 끝낸 여느 문구와 마찬가지로 이 말에도 타당하고 실질적인 진실이 담겨 있습니다. 사람들은 매일 일을 하러 가서 8시간에서 10시간을, 아니 그 이상의 시간도 급여를 받기 위해 투자합니다. 자기 일을 즐기는 사람일지라도 일을 하는 나의 시간이 타인의 돈과 교환되고 있다는 사실은 인정할 겁니다. 정직하고 현실적인 사람이 그걸 부정할 수는 없겠죠.

이러한 '시간＝돈'의 방정식을 직업적 측면에서는 잘 이해하는 사람도 사적인 측면에서는 간과하는 경우가 많습니다.

최고위급 경영인 한 사람이 기억납니다. 그 사람은 회사에서의 긴 하루를 마치고 귀가하면 저녁 시간을 가족과 보내거나 재충전할 기회를 찾는 대신에 정원 일 같은 집안일을 하면서 쓰더군요. 그렇다고 그가 집안일을 좋아하는 사람인가 하면, 그건 또 아닙니다. 돈을 아낄 마음이었죠. 그러나 '시간＝돈'의 원칙은 우리가 어떤 일을 하든지 계속 적용된다는 사실을 기억해야 합니다.

그는 가족과 함께 보내거나 재충전을 할 수 있는 시간을 안타깝게도 동네 청소년에게 아르바이트 시키는 가격과 교환한 셈입니다. '시간＝돈'의 방정식을 완벽하게 적용한다면 내 시간을 내가 가장 잘하는 일에, 그래서 가장 큰 가치를 창출하는 일에, 그래서 가장 많은 돈을 버는 일에 써야만 합니다. 나머지 일은 그 일을 잘하는 다른 사람을 고용해서 처리하고, 그만큼 남는 시간을 삶의 다른 영역에 안배해야죠.

인류가 여러 세기에 걸쳐서 문명의 진보를 이뤄낸 분업 방식을 개인 차원에도 적용하면 삶을 더 풍요롭고 다양하게 만들 수 있습니다. 비효율적인 잡무는 다른 사람이 하게 하고, 그럼으로써 여러분이 가장 잘하는 일에 시간을 자유롭게 쓸 수 있다면 문화적으로나 개인적으로 진보를 이뤄낼 수 있으리라 생각합니다.

여러분의 인생과 일정 관리에 관해서 생각해보죠. 가장 즐기는 일이 무엇입니까? 가장 큰 가치를 창출하는 일은 뭐죠? 그 일을 하기 바랍니다. 그렇게 번 돈의 일부를 다시 더 많은 시간을 사는 데 투자하세요. 시간이야말로 정녕 우리가 가진 모든 것이라는 게 오늘의 결론입니다.

Today's the day!

내일의 '그때'가
오늘의 '지금'이다

"지금 아는 걸 그때 알았더라면….."

이런 탄식을 직접 내뱉거나 남이 하는 걸 들어본 적이 있을 겁니다. 과거의 어느 때에 아주 가치 있는 정보를 접했는데 당시에는 그것의 가치를 모르다가 나중에야 깨닫게 되는, 그런 경험을 모두가 일생에 한두 번씩은 해보았을 겁니다. 수년 전에 헐값으로 매입할 수 있었던 급등 주식일 수도 있고, 새로 생긴 대형 쇼핑몰 길 맞은편 공터 같은 값싼 부동산이었을 수도 있습니다. 항상 지나고 나면 보이는 법입니다.

뒤돌아보면 모든 것이 아귀가 맞고 명명백백하죠. 하지만 인생의 운전대를 잡은 사람이 백미러만 보면서 달리면 안 됩니다. 백미러가 비추는 광경이 멋진 것 같아도 거기서 빨리 눈을 떼지 않으면 사고로 이어집니다. 미래가 두렵고 불확실해 보여도 우리는 미래에 대한 결정을 내려야 하고, 미래를 향한 삶을 살아야만 합니다.

인생에서 여러 번 아주 가치 있는 정보를, 그 가치를 알았든 몰랐든 간에 접했었다는 사실을 인정한다면, 마찬가지로 바로 지금도 가까운 미래에 말도 안 되게 큰 수익이 나거나 혜택을 입을 가치 있는 정보를 접하고 있다는 사실을 인정할 수 있어야 합니다. 선택지는 둘 중 하나입니다. 당장 그 정보를 활용하든가, 아니면 언젠가 오늘을 돌아보며 탄식을 하는 거죠.

"지금 아는 걸 만약 그때 알았더라면….."

내일의 '그때'가 오늘의 '지금'입니다. 그 정보를 접하고 있느냐 아니냐는 문제가 아닙니다. 문제는 정보의 가치를 깨닫고 행동에 옮길 수 있느냐 없느냐 하는 것입니다. 다른 사람들이 간과하는 사실과 세부 사항을 알아차리고 예측하고 행동에 옮기는 것에서 지혜와 리더십이 생깁니다. 천재성이란 단지 다른 사람들과 조금 다르게 보는, 혹은 '주우면 임자'인 보물을 발견하는 능력이기도 합니다. 보물찾기가 끝날 때까지 기다리지 마세요. 보고 들었으면 바로 행동에 옮기세요.

Today's the day!

당신의 강함은
가장 약한 고리에 달렸다

매년 6월 중순에 US오픈 골프 대회가 열립니다. 전 세계 골프 팬 수백만 명이 열광하죠. 경기와 경기가 이어지며 각본 없는 드라마가 펼쳐지고, 그 와중에 귀중한 교훈을 얻기도 합니다. 타이거 우즈Tiger Woods가 무적의 골퍼라고 생각했던 사람은, 아무리 세계 최고의 실력을 보여주는 선수라고 할지라도, 절대로 꺾을 수 없는 상대 같은 건 세상에 없다는 사실을 알았을 겁니다.

현장에서 경기를 지켜본 수천 명과 텔레비전 중계로 본 수백만 명은 최정상급 실력의 유명 프로 골퍼 세 명이 마지막 홀에서, 그것만 들어가면 이기는 쇼트퍼트를 놓치는 모습을 지켜보았습니다. 많은 사람이 방송에서, 또 저에게 직접 이런 말을 하더군요.

"저런 건 나도 넣겠다."

네, 맞습니다. 골프공 좀 만졌다는 사람은 누구나 그 퍼트를 넣을 수 있었을 겁니다. 압박과 긴장과 모든 부담을 다 떨쳐낼 수 있었다면 말이죠. 그러나 현실의 삶이란 그렇게 녹록지 않습니다.

이들 세 명의 선수는 그 주에만 각각 275타 넘게 쳤습니다. 그럴 수 있는 사람이 세상에 몇 명이나 있을까요. 이렇게 뛰어난 실력 덕분에 마지막 날 마지막 홀까지 온 것이고, 거기서 그렇게도 쉬운 샷을 놓친 겁니다. 이런 격언이 생각납니다.

"당신의 강함은 가장 약한 고리에 달렸다."

대수롭지 않은 작은 부분을 간과해서 형편없는 성과를 내는 일이 비즈니스와 인생에서는 적지 않습니다. 좋은 인상을 받았던 지인이나 거래 업체를 떠올려보세요. 무엇이 그런 차이를 만들었나요? 잘 생각해보면 아마도 사소한 부분일 겁니다. 정중한 환영, 정중한 감사 인사, 혹은 약간의 플러스알파 같은 것들이 기본 비즈니스 과정에 더해져서 그 모든 차이를 만들었을 겁니다.

미국에는 계속해서 비행기를 타고 출장을 다녀야 하는 사람이 많습니다. 그들은 어느 항공사가 좋고 어느 항공사는 안 좋은지 늘 이야기합니다. 왜 그렇게 생각하는지 이유를 정확히 말해보라고 하면 보통은 따뜻한 미소, 정중한 환영, 직업의식 수준 같은 것들이 단지 평균보다 치즈 한 장 차이만큼 더 나아서라고 합니다.

우리는 대단한 일과 중요한 일에 초점을 맞춥니다. 하지만 US오픈에 출전한 골퍼 세 명의 사례에서도 보았듯이 당신은 작은 것 때문에 기억되며, 작은 것 때문에 흥하고 망할 수 있다는 사실을 오늘 하루를 살면서 기억하길 바랍니다.

Today's the day!

꾸준함이
이긴다

───────── *Wisdom for Winners* ─────────

인생의 성공은 장기간에 걸쳐서 높은 수준의 성과를 내는 일에 달려 있습니다. 동료 강사이자 제 친구인 햅 라우리Hap Lowry는 자기 이름을 딴 '해피즘Hapisms'이라는 개념을 창안했죠. 그가 한 여러 좋은 말들 중에서 저는 "꾸준함은 개인적으로든 직업적으로든 많은 배당을 준다."는 말이 특히 기억에 남았습니다.

세상에는 멋진 아이디어를 가지고 달리다가 결승점 전에 멈추어 서는 사람들이 있습니다. 다른 한 부류는 끝내주는 성과 한 번으로 목표를 이루기는 했는데 그 높은 수준이 유지되지 않아서 잠깐의 짧은 성공으로 막을 내리고 마는 이들입니다. 배우, 작가, 가수, 사업가 등 이러한 예는 수도 없이 많습니다. 그들의 이름 뒤에는 항상 이런 말이 붙습니다.

"그러고 보니 요즘 그이가 안 보이네."

인생의 성공은 이렇게 요약됩니다. 한두 번의 대박이 아니라 높은 수준을 장기간에 걸쳐서 유지하는 것!

인생의 성공은 장기간에 걸쳐서
높은 수준의 성과를 내는 일에 달려 있습니다.

저는 2년 전에 제 나름의 운동과 식사 요법을 시작해서 체중을 45킬로그램이나 줄일 수 있었습니다. 혁명적인 새로운 생활 방식 덕분에 몸 상태도 마흔 생일상을 챙겨 먹은 사람이라고는 믿기지 않을 만큼 개선되었지요. 그 과정에서 꾸준함과 일관성이 성공 유지의 열쇠라는 점을 깨달았습니다. 제가 다니는 헬스장에서 간혹 이런 회원을 볼 수 있습니다. 초인적인 페이스로 하루나 이틀 운동하고 나서 다시는 안 오는 사람들입니다.

업무 성과가 뛰어난 경영자들을 상대로 실시한 어느 설문 결과를 검토한 적이 있습니다. 그들이 어떤 요소로 자신을 평가하는지 알기 위한 것이었죠. 그들은 스스로 이런 질문을 던진다고 합니다.

"목적한 바를 향해 올바른 궤도로 가고 있는가?"

"나와 함께한 사람들도 공통의 목표를 위해 헌신하는가?"

그중에서 다음과 같은 질문이 특히 관심을 끌었습니다.

"내 페이스를 꾸준하게 유지할 수 있는가?"

만약에 자신의 속도가 지속가능한 수준이 아니라면 산꼭대기에는 결코 오르지 못할 공산이 큽니다. 설령 정상에 올랐다고 하더라도 잠깐일 테고, 곧 경사면을 미끄러져 내려갈 것입니다. 왔던 길을 거꾸로요.

지금 여러분 앞에 놓인 장기적 목표와 단기적 과제를 점검하며 그것이 과연 올바른 것인지 고민이 된다면, 첫째, 요즘 하는 그 일을 통해서 인생의 목적을 이룰 수 있는지, 둘째, 오늘의 성과를 반복하고 지속할 수 있는지를 판단하면 도움이 될 것입니다. 믿음을 주는 동시에 믿음이 가는 일관성 있는 성과를 내도록 애쓰길 바랍니다. 제일 **빠른** 사람이 항상 경주에서 이기는 게 아닙니다. 오늘 하루가 목표를 향해 오르는 사다리의 가로대 하나라는 사실을 아는 사람이 경주에서 이깁니다.

Today's the day!

지금 당장 하지 않아도
되는 일

Wisdom for Winners

글자가 가득한 이 세계에서 시각장애인으로 살다 보니 제 나름대로 몇 가지 요령을 터득하였는데, 여러분에게도 유용할 만한 것이어서 나눠보면 어떨까 합니다. 저는 이메일을 비롯해서 인쇄물 같은 것을 다른 사람의 눈을 통해서 읽을 수밖에 없기 때문에 여러 해에 걸쳐서 하나의 방침을 만들어냈습니다. 뭐냐 하면, 모든 서류 작업은 단 한 번만 한다는 것입니다.

처음에는 저를 대신해서 서류를 읽어주고 작성해주는 사람의 시간과 노력을 극대화하려는 요량으로 시작한 것이었습니다. 그런데 이렇게 하다 보니 제 능률도 올라가고 삶의 우선순위를 정하는 데 있어서도 아주 유용하더군요.

눈앞의 일들을 바로 처리하지 못해서 근심이 쌓이는 동안 노력과 정력이 낭비되는 경우가 너무 많습니다. 저의 경우는 관심을 요하는 문제가 앞에 놓이면 세 가지 선택지 중에서 하나를 고릅니다. 첫째, 바로 처리합니다. 둘째, 아예 하지 않습니다. 셋째, 유보 목록에 올리고 후일 검토합니다. 초등학생 산수처럼 쉬워 보이지만 이것이 제 직업 생활에서 혁명을 일으켰습니다.

저는 업무를 할 때 우선순위 목록을 단순히 따라가다가 새로운 건과 맞닥뜨리면 앞서 말한 세 가지 범주 중 하나에 넣습니다. 안 그러면 당면한 과제나 긴급한 일이 정말로 중요한 사안을 밀어내고 그 자리를 차지하는 경우가 많이 발생하기 때문입니다.

여러분의 할 일 목록을 보고 각각의 건에 대해서 이렇게 자문해 보기 바랍니다.

"이 일을 아예 하지 않았을 때 일어날 법한 최악의 일은?"

다시 묻습니다.

"이 일을 지금 한다면 일어날 수 있는 가장 좋은 일은?"

마지막으로 묻습니다.

"이 일을 지금 하나 나중에 하나 별 차이가 없나?"

일을 미루자는 말이 아닙니다. 우선순위를 두자는 얘기죠. 여러분의 일정표에서 중요한 항목이 빠지고 나중에 하거나 아예 하지 않아도 되는 일이 대신 들어가는 경우가 얼마나 많은가요?

사람들은 돈을 투자할 좋은 투자처를 찾느라고 많은 시간을 씁니다. 그러나 안타깝게도 우리의 가장 중요한 자산, 대체할 수 없는 자산인 '시간'에 대해 현명한 투자를 고민하는 사람은 그렇게 많아 보이지 않습니다.

Today's the day!

방해꾼들을
조심하라

Wisdom for Winners

우리는 매일 생산성에 지대한 영향을 주는 두 가지 중요한 질문과 마주합니다. 한 가지는 '나는 무엇을 하고 있는가?'이고, 다른 한 가지는 '그것을 얼마나 잘하고 있는가?' 하는 것입니다. 인간의 행동과 개인적 성장에 있어서는 대부분 두 번째 질문에 강조점이 맞춰집니다. 그것을 얼마나 잘하고 있느냐는 거죠. 자기계발이나 동기부여 강사들조차 무엇을 하고 있느냐는 일차적 요소에는 좀처럼 집중하지 않습니다.

그런데 중요하지 않거나 잘못된 일을 대단히 잘할 수도 있습니다. 타이타닉호의 갑판원이 배가 천천히 가라앉고 있는 와중에 갑판 청소를 하는 것과 같습니다. 갑판 청소는 물론 중요한 일이지만, 배가 침몰할 때라면 절대로 우선순위가 될 수 없죠.

제 회계사와 이야기를 나누다가 이런 말을 들었습니다. 그는 세금 신고 마감일이 임박해서야 SOS를 치는 몇몇 의뢰인에게 질린 상태였습니다. 그래서 이런 새로운 업무 방침을 만들었다고 합니다.

"고객이 계획을 잘못 세워서 곤란에 처했다 하더라도 그건 나의 긴급한 업무가 아니니 휘둘리지 말자."

본인의 문제를 다른 사람의 우선순위로 만들려고 하는 사람이 많습니다. 책상에 앉아서 생산적인 일을 하고 있는데, 중요하지 않은 전화가 걸려 와서 맥이 끊긴 경험은 누구에게나 있을 겁니다. 텔레마케팅 전화가 대표적이죠. 잠재 고객에게 전화를 걸어서 판촉을 하는 게 그 사람들 일이긴 하지만, 그것이 전화를 받는 사람의 우선순위는 아닐 겁니다. 특히나 하루 중에서도 가장 생산적인 시간이라면 이러한 종류의 전화는 분명히 방해가 됩니다.

> 목적지로 향하는 나를 산만하게 방해할 정도면
> 대체 얼마나 큰 문제인 걸까요?

여러분의 사적이고 공적인 '임무 언명'에 준거하여 여러분 자신에게 물어보세요.

"오늘 할 수 있는 일들 중에서 무엇이 나를 목표로 하는 곳으로 데려가줄 수 있지?"

그 일들이 우선순위가 됩니다. 이러한 우선순위에서 관심을 빼앗고 정신을 흐트러뜨리는 덜 중요한 것들이 문제입니다. 목적지로 향하는 나를 산만하게 방해할 정도면 대체 얼마나 큰 문제인 걸까요? 결국 그 문제의 크기가 나라는 사람의 크기입니다.

생산적인 일과 쉬운 일은 상관관계가 없습니다. 오히려 별로 생산적이지 않은 일이 달성하기는 제일 쉬울 때가 많습니다. 그래서 일까요, 우리는 생산성을 좀먹는 침입과 방해를 허락합니다. 심지어 반기기까지 합니다.

하루를 어떻게 보내느냐에 따라서 그날이 끝나는 시점에 목표로부터 하루 더 가까워지거나 하루 더 멀어질 겁니다. 유의미한 하루를 보내길 바랍니다.

Today's the day!

미래를 위한
장기 투자

Wisdom for Winners

뉴스가 연일 주식시장과 경제에 관한 소식으로 도배되고 있습니다. 저도 뉴욕증권거래소에 등록된 투자 중개인으로서 비즈니스 경력을 시작한 사람이긴 하지만, 제가 주식시장에 관해 드릴 수 있는 조언이라고는 주가는 과거에도 오르락내리락했으니 미래에도 그럴 것이라는 말뿐입니다. 복잡한 질문에 쉽게 대답을 내놓는 사람은 주의해야 합니다.

결론부터 말하자면, 여러분이 돈을 쓰거나 투자할 수 있는 영역은 세 군데뿐입니다. 첫째, 돈으로 물건을 살 수 있습니다. 둘째, 돈으로 안전을 보장할 수 있습니다. 셋째, 돈으로 기억을 만들 수 있습니다. 인생사가 다 그렇듯이 여기에도 단순히 맞거나 틀린 대답은 없습니다. 만능열쇠 같은 건 존재하지 않습니다. 오늘은 세 가지 투자 영역의 장점과 유의점을 각각 살펴보고자 합니다.

물건을 사는 데 적당한 돈을 투자해서 옷, 차, 집 등을 새로 산다면 아주 멋질 테지만 거기서 오는 행복이 그리 오래가지는 않을 겁니다. 물론 삶을 내가 선택한 방식대로 살 수 있게 도와주는 물건이 있습니다. 다만 내가 통제할 수 있고, 그것의 통제를 당하지만 않는다면 괜찮습니다.

안전에 대해 과한 투자를 하면 소위 '비 오는 날'은 완벽하게 대비할 수 있어도 오랜 가뭄을 겪을 것입니다. 우산은 비가 쏟아질 때는 필요합니다. 하지만 예를 들어 우산만 일곱 개를 가지고 있다면 날씨가 어떻든 너무 과한 것이죠. 내일을 잘 준비하되 오늘을 희생하진 마세요.

마지막으로, 돈을 기억에 투자할 수 있습니다. "우리는 세월을 기억하지 못하고 순간을 기억한다."라는 말을 들은 기억이 납니다. 개인적 삶의 영역에서 마법 같은 순간들을 만드는 일에 투자를 하십시오. 그러면 커다란 행복의 배당을 거둘 수 있을 것입니다.

이러한 세 가지 영역에 대해서 자신이 바라는 수익을 감안하여 투자 수준을 정해야 합니다. 여러분 자신에게 합당한 인생 투자 전략을 짠 뒤, 자신의 재원을 세 가지 영역에 나눠서 분산 투자하고, 하루하루 날씨에 일희일비하지 않는 장기 투자를 하길 바랍니다.

Today's the day!

시간에 대한
주도권을 가진다

Wisdom for Winners

매일매일 시간을 장악하며 살 수 있다는 건 환상입니다. 시간 관리에 관한 책은 많습니다. 하지만 모든 걸 종합해보면 우리는 시간을 관리할 수 없습니다. 희망이 없지는 않습니다. 나 자신은 관리할 수 있으니까요.

직장 동료에게 아기가 생겼습니다. 이런 말을 하더라고요.

"어떻게 가족 모두의 삶이 3킬로그램도 안 되는 이 약하디약한 생명에 완전히 매일 수가 있는 거지?"

여러분도 육아를 경험해봤는지 어떤지 모르겠습니다만 내 시간과 하루와 심지어는 인생의 적잖은 부분이 타인에 의해 휘둘린 경험은 분명히 있었을 겁니다.

저는 제 칼럼을 애독하는 사람들과 지금까지 자신의 생각과 목적, 운명을 통제하는 일에 관한 많은 이야기를 나눠왔습니다. 이것은 본인의 하루, 1시간, 1분을 통제할 때에만 가능한 일입니다. 그런 최선의 의도를 가지고서 하루를 시작합니다. 내 삶의 목적을 위한 과업을 완수하고야 말겠다는 것이죠. 하지만 얼마 지나지 않아서 당연하듯 전화벨이 울리고, 손님이 방문하고, 기타 등등의 오만 가지 일들 중 하나가 치고 들어와서 거기에 휘둘리고 맙니다.

이러한 훼방을 피할 수 없을 때도 많습니다. 그러나 현명한 사람이라면 다시 빠르게 올바른 궤도로 돌아올 것입니다.

> 내가 그리는 미래는 나의 하루, 1시간, 1분을
> 현명하게 투자하면 이루어집니다.

2박 3일 자동차 여행을 한다고 상상해보죠. 어디에 들르고, 어디서 쉬고, 5분, 10분 단위로까지 세세한 일정을 짜서 엑셀 파일로 정리할 수 있습니다. 하지만 도로에 떨어진 작은 못 하나가 타이어를 펑크 내면 그 계획은 다 휴지통으로 갑니다. 여행을 망친 걸까요? 아닙니다. 이러한 방해 때문에 엉뚱하게 곁길로 새거나, 태도만 바뀌지 않으면 괜찮습니다. 인생의 목적지는 확실히 정해야 합니다. 하지만 그 방법과 경로에 있어서는 얼마든지 유연성과 융통성을 발휘할 수 있어야겠지요.

마침내 산 정상에 올랐을 때 사람들은 거기까지 어떻게 왔냐고 묻지 않을 겁니다. 그저 거기까지 왔다는 사실에 박수를 보냅니다.

내가 그리는 미래를 이뤄내고 싶나요? 그러면 나의 하루, 1시간, 1분을 투자하면 됩니다. 그게 전부입니다. 현명하게 투자하세요.

Today's the day!

우선순위를
지켜라

Wisdom for Winners

대기업 사장도 가정주부도 학생들도 즐거운 은퇴자도 모두가 그날
그날 할 일 목록과 함께 하루를 시작할 겁니다. 그러지 않나요? 저
는 일간, 주간, 월간, 연간 단위로 할 일 목록을 작성하지 않는 사람
들이 솔직히 이해가 되지 않습니다. 머리가 컴퓨터인 건지, 유유자
적이 좌우명인 건지, 많은 우선순위를 그냥 지나치는 눈뜬장님인
건지, 뭔지는 모르겠지만 말이죠. 제가 가진 자산이란 결론적으로
말하자면 시간과 노력과 에너지가 전부입니다. 이것을 효율적으로
쓰려면 어떠한 경우든 우선순위를 정하고, 그 우선순위를 지켜야
합니다.

제가 개인적 삶의 차원에서 '임무 언명'이라고 부르는 게 있습니
다. 내가 누구이며, 내 삶에서 무엇이 중요한지 규정하는 것입니다.
'임무 언명'은 우리 모두에게 꼭 필요합니다. 내 하루의 활동은 이것
에 준거하여 가치가 매겨집니다. 일상생활을 유지하려면 반드시 해
야 하는 일들이 있습니다. 엔진오일도 바꾸어야 하고, 머리카락도

잘라야 하고, 치과에도 가야 합니다. 이러한 일이 삶의 우선순위에 들기도 하고 밀리기도 합니다.

제가 아는 생산성이 높은 사람들은 하루의 우선순위 과제를 네다섯 개보다는 많이, 열다섯에서 스무 개보다는 적게 둡니다. 만약 어느 평범한 날에 할 일이 한두 개에 불과하다면 우선순위나 임무 언명을 재검토해야 합니다. 반면 특별히 바쁜 날도 아닌데 하루에 완수해야 하는 일이 스무 개가 넘고, 그것도 다 직업적, 개인적 임무에 직접적으로 연관된 거라면 아마도 그중 일부 과제를 남에게 맡기거나 하나로 묶어서 할 수 있는지 고민할 필요가 있습니다.

하루에 해야 할 일이 많다면 적어도 우선순위는 정해두어야 합니다. 다음 다섯 가지 질문을 통해서 빠르게 순위를 매길 수 있습니다.

1. 오늘 단 하나의 일만 할 수 있다면?
2. 나 말고 이 일을 할 다른 사람이 있는가?
3. 이 일을 오늘 끝내지 않는다면?
4. 이 일을 아예 하지 않는다면?
5. 우선순위 목록에 오른 일들 중 내일, 다음 주, 내년 등 미래의 목표 달성에 가장 도움이 될 만한 일은?

우선순위를 마음에 단단히 못 박아둔 채 하루를 보내야 합니다. 왜냐하면 여러분이 종일 만나는 사람들 중에는 그들의 우선순위에 '당신'을 올리려는 이도 많기 때문입니다. 무언가를 팔려는 세일즈맨일 수도 있고, 소식이 궁금한 오랜 친구일 수도 있고, 집에 놀러오고 싶은 이웃이나 교류를 원하는 동료일 수도 있습니다. 이것 말고도 그들은 온갖 일에 여러분을 끌어들이고 싶어 할 겁니다.

합당하고 타당한 일이라고 해서 다 내 우선순위에 올려야 하는 건 아닙니다. 타인의 우선순위인 게 분명한 어떤 일이 하루 중에 생긴다면 무작정 휩쓸려 하기보다 일단 우선순위 목록에 올린 다음에 그날 일정을 바꾸든지 해야 합니다. 기억하세요. 내가 할 가치가 있는 일이라면 먼저 우선순위를 정해놓고 해야 합니다.

Today's the day!

시간은
돈이 아니다

"시간은 돈이다."라는 말을 평생 들어왔습니다. 그 맥락이 업무 효율성 극대화에 있다면 맞는 말입니다만, 현실에서 시간은 시간이고 돈은 돈일 뿐입니다. 가게에서 물건을 사고 계산을 할 때 "어, 제가 돈이 없으니 시간으로 때우겠습니다."라고 하면 어떤 일이 벌어질까요? 프로젝트 마감이 코앞인데 시간이 모자라다고 해서 "저, 그만큼 돈으로 드리면 어떨까요?"라고 하면 문제 해결이 될까요?

모든 사람에게 하루 1,440분이 주어집니다. 그 1분, 1분을 어떻게 투자하느냐는 각자가 선택합니다. 직장인이나 학생처럼 어딘가에 시간이 매인 사람도 많다고 반문할 수 있습니다. 하지만 잘 생각해보면 매인 시간 역시도 내가 통제하는 시간입니다.

사람들이 시간과 돈을 혼동하고, 한쪽은 애지중지하면서도 다른 한쪽은 낭비한다는 사실이 저는 놀랍습니다. 흔한 예로 이런 일이 있습니다. 하루 중에서도 업무 효율이 가장 높은 시간에 누군가 사무실에 와서는 별로 관심도 없는 얘기를 이러쿵저러쿵 늘어놓으며 계속 일을 방해합니다. 그러면 여러분은 자신의 인생에 투자할 시간을 지키기 위해서 그 사람에게 나중에 다시 와달라고 정중히 요청하고 내보내겠습니까? 안타깝게도 그냥 자신의 생산적인 시간이 낭비되게끔 두는 사람이 더 많을 것입니다. 하지만 만약 책상에 20달러짜리 지폐가 여러 장 있는데 누군가 와서 그중 하나를 집어 들고 나가려고 한다면, 그걸 그냥 보고만 있을 사람은 없습니다. 돈을 훔치는 사람은 가만두지 않겠다는 생각은 확고한 반면에, 시간을 도둑맞는 것에 대해서는 관대한 편입니다. 현실적으로 생각해도 사라진 시간의 가치는 분명히 20달러에 비할 게 아니겠죠.

하루에 주어진 귀중한 1,440분은 일, 놀이, 가족과 보내는 시간, 자기계발, 나를 돌아보는 시간, 공부, 휴식 등에 할당할 수 있습니다. 어떻게 우선순위를 정해 그 시간을 쓸 것인지는 본인이 결정할 몫입니다. 하지만 본인의 가장 귀중하고 대체할 수 없는 자산, 즉 인생의 하루하루에 투자해야 할 매시간, 매분에 대한 통제권을 곧잘 타인에게 넘겨준다는 사실이 안타깝습니다.

자유 시간은 있어도 공짜 시간은 없습니다. 우리는 다른 사람 때문에 내 시간이 낭비되는 상황에서 속으로 이렇게 생각하곤 합니다. '나중에 끝내지, 뭐.' 그러면 그날의 모든 업무가 순차적으로 밀리고, 결국 야근을 하거나 오늘 일을 내일로 미뤄야 합니다. 거기서 끝나지 않습니다. 다른 사람 때문에 낭비된 업무 시간은 가족과 보낼 시간을 끌어와서 벌충하고, 가족과 보낼 시간은 다시 자기계발 시간을 끌어와서 메꾸고… 이렇게 계속 이어집니다. 낭비된 시간은 다시 돌아오지 않습니다.

동료와 잠시 잡담을 나누거나 게임을 하며 머리를 비우거나 그냥 널브러져 몸과 마음을 쉬게 하는 것도 그날의 1,440분을 유익하게 쓰는 방식이거나 옳은 투자일 수 있습니다. 단지 타인이 그 결정을 하게 두지 말라는 겁니다. 오늘 하루를 살면서 시간과 돈 모두 현명하게 소비하길 바랍니다.

Today's the day!

멀티맨이
필요할 때

Wisdom for Winners

어떤 일을 특출나게 잘하는 것도 중요하지만 맞물려 있는 일을 고루 잘해내야 할 때도 있습니다. 나에게 있어서 수월한 일, 빠르게 되는 일, 눈길이 갔던 일에만 몰두하고 싶은 유혹을 모두가 느끼지만, 이러한 단기적인 접근법이 장기적 성공으로 이어지는 일은 좀처럼 없습니다.

우리는 전자레인지 시대에 삽니다. 모든 게 더 쉽고 빠르고 편하길 바랍니다. 하지만 성공은 전자레인지에 돌리듯이 뚝딱 이루어지는 게 아닙니다. 전기찜솥slow cooker 조리 과정에 더 가깝죠. 하룻밤의 성공 신화에 대하여 많이 들어보았을 겁니다. 하지만 자세히 들여다보면 수년, 수십 년에 걸친 노력이 하룻밤 사이에 꽃을 피웠을 뿐입니다.

어린이 야구를 관람해봤거나 지도해본 사람이라면 이러한 현상을 충분히 이해할 것입니다. 이미 우수한 타자가 타격 훈련을 더 하고 싶어 하고, 우수한 야수가 수비 훈련을 더 하고 싶어 하고, 우수

196

한 투수가 투구 훈련을 더 하고 싶어 합니다. 어린이 스포츠 선수들도 운동 시간에 자기가 가장 잘하는 것을 하고 싶어 합니다. 여러분도, 저도 다르지 않습니다. 하지만 성취도라는 것은 자기가 가장 못하는 것의 수준에서 결정되기도 합니다. 비행기 조종사가 되고 싶은 사람이 있는데, 그 이유가 비행기를 활주로로 몰고 가서 이륙하는 과정이 멋지다고 생각하기 때문입니다. 하지만 착륙을 두려워한다면 훌륭한 조종사가 되기는 힘들 겁니다. 착륙이 엉망인데 좋은 비행이 될 수는 없으니까요.

사람은 자신이 가장 잘할 수 있는 일로 이름을 날립니다. 모두들 전문가가 되고 싶어 합니다. 하지만 사업 초기에는 혼자서 모든 일을 처리할 수 있는 '멀티맨'이어야 합니다. 하나의 일에만 몰두하는 사치를 누리는 사람은 극소수죠.

성공, 부, 행복을 길게 이어가려면 지속성이 관건입니다. 80퍼센트나 90퍼센트 노력으로는 성공을 매듭짓기 힘들 겁니다. 한 가지 요리를 끝내주게 하는 레스토랑이 있습니다. 하지만 함께 나오는 빵은 다 탔고, 주문한 샐러드는 안 나오고, 음료를 바닥에 쏟고, 서비스가 엉망이라면 그런 식당은 단골이 될 수 없겠죠. 성공을 하려면 두루두루 평타 이상을 치는 '멀티맨'이 되어야 합니다. 인생의 대부분 영역에서 그렇습니다.

여러분의 사적이거나 일적인 삶의 영역을 객관적으로 들여다보면 여러 측면이 맞물려 있음을 알 것입니다. 보석의 어느 한 면을 유독 잘 깎아도 나머지 면들이 흠집투성이면 상품성이 없습니다. 돈은 많이 벌었는데 건강하지 않다면 실패한 겁니다. 몸은 건강한데

생필품 살 돈도 없다면 실패한 겁니다. 사회적인 성공 때문에 가족을 희생했다면 실패한 겁니다.

내가 최고인 일은 계속 잘하고, 그렇지 않은 일에서도 나아지려고 애써보는 오늘 하루가 되기를 바랍니다.

Today's the day!

백만 달러짜리
비즈니스 아이디어

참신한 생활 발명품이나 놀라운 비즈니스 발상은 어려운 기술적 혁신에서 나오는 것이 아닐 때가 많습니다. 우리 눈앞에서, 발밑에서 마치 숨은그림찾기처럼 조용히 기다리고 있던 것들이죠. 전 세계가 위대한 아이디어에 목말라합니다.

위대한 아이디어를 원한다면 이것 하나만 하면 됩니다. 열심히 일상을 살고 일을 하다 무언가 나쁜 일이 일어나면 이때 자신에게 마법의 질문을 던집니다.

'피할 방법은 없었을까?'

이 질문에 대한 답이 위대한 아이디어로 이어집니다. 위대한 비즈니스 기회를 떠올릴 때 해야 하는 단 하나의 질문도 같은 맥락입니다. 어떤 나쁜 일이 일어나면 이번에는 더 포괄적인 질문을 합니다.

'다른 사람이 이 문제를 피해갈 수 있도록 내가 도울 수 있는 방법은 없을까?'

이 질문에 대한 답이 어쩌면 백만 달러짜리 비즈니스 아이디어로 빌진힐 수 있을 깃입니다.

비즈니스, 마케팅, 산업 영역에서 누군가 대박을 터트렸다는 소식을 접했을 때 처음에 드는 생각은 '세상에! 그런 생각을 어떻게 해냈대?'가 아닐 겁니다. 무릎을 탁 치면서 '맞아, 나는 왜 그런 생각을 못 했지?' 하는 반응이 더 흔할 테죠. 여러분도, 저도 왜 그런 생각을 못 했느냐 하면, 그건 대박을 터트린 그이가 아는 사실을 몰랐기 때문이 아니라 우리 면전에 똑같이 있던 그 정보를 창의적으로 보지 않았기 때문입니다. '이게 무엇이냐'가 아니라 '이게 무엇이 될 수 있느냐'를 생각했어야 합니다.

인생과 비즈니스란 전반적으로 말해서 이런 겁니다. 일을 처리하고 타인의 욕구를 만족시키는 데 있어서 현재 체계로도 뛰어나야 하고, 동시에 더 새롭고 개선된 방법도 고민할 것! 이 둘 사이에서 균형을 잡을 수 있어야 합니다. 서부 시대에는 멋진 포장마차를 제작하는 일이 짭짤하고 유의미한 작업이었습니다. 하지만 170년이 지난 지금도 여전히 그러고 있다면 비웃음거리겠죠. 반대로 1850년대 포장마차 제작자 입장에서는 제트기 설계 도면을 그리며 시간을 보내는 일이 마찬가지로 바보짓입니다. 죽을 때까지 실현될 가능성이 없는 과제니까요.

지금까지 해왔던 방식으로 멋진 오늘을 만들고
아직 모르는 방식으로 더 멋진 내일을 만드세요.

미래에만 너무 집중하느라 현재를 놓치는 사람들이 있습니다.

현재에 너무 열중한 나머지 미래를 잊고 사는 사람들도 있습니다. 두 경우 모두 안타깝죠.

지금까지 해왔던 방식으로 멋진 오늘을 만드는 것과 아직 모르는 방식으로 더 멋진 내일을 만드는 것, 이 두 가지 인생 과제를 마치 곡예사의 공 돌리기처럼 도전하는 오늘 하루를 살길 바랍니다.

Today's the day!

가능성과 우선순위
사이에서 균형 찾기

일상생활에서든 일에서든 여러분과 제가 투자해야 하는 단 하나를 단도직입으로 말하자면 그건 바로 시간입니다. 돈과 자원은 왔다 갔다 합니다. 대체할 수도 있죠. 우리가 관리하는 모든 재원 중에서 시간만이 대체가 불가능합니다. 하루에 투자할 24시간이 모두에게 공평하게 주어집니다. 나름대로 자기 인생에 성공한 사람이라면 시간과 노력, 에너지를 잘 사용한 투자자라고 할 수 있습니다.

시간을 잘 투자하는 일 역시 인생의 다른 것이 그러하듯 흑백논리가 아닙니다. 내가 가진 이 귀중한 자산을 활용하는 데 영향을 주는 많은 변수가 있습니다. 저는 시간 관리의 양극단에 '우선순위'와 '가능성'이 있다고 봅니다.

'우선순위'는 하루하루 반드시 처리해야 하는 일상적 과제입니다. 공과금 납부, 이메일 확인, 전화 회신 등등이겠죠. 이러한 일들은 꿈을 좇는 것과는 거리가 멀지만 나를 지금 있는 자리에 머물게 해주기에 중요합니다.

반면에 '가능성'은 미래를 내다보며 자신의 놀라운 잠재성을 믿고 창의적으로 그림을 그리는 것입니다. 아주 중요한 영역이기 때문에 시간 자원의 일부를 반드시 투자해야 합니다. 하지만 투자가 과해도 곤란합니다. 망원경으로 먼 수평선만 보느라고 눈앞의 빙산을 정면으로 들이받는 배의 선장과 같은 꼴이 될 테니까요. 반대로 빙산을 피하는 일에만 몰두한다면 안전하긴 하지만 몇 년간 바다를 유랑하게 되겠지요.

대부분의 사람이 우선순위 정리는 잘합니다. 하지만 가능성과 관련한 일은 시간이 남는 아무 때나 하면 된다고 생각하죠. 하루나 한 주, 한 달 동안 해야 할 일을 다 하고 나서 남는 시간에요.

저는 이렇게 하라고 말하고 싶어요. 스케줄을 짤 때 가능성에도 우선순위를 주세요. 새로운 마케팅 아이디어, 장기 비즈니스 전략, 멋진 여행이나 휴가 계획 같은 걸 생각할 일정한 시간을 따로 떼어두는 겁니다. 여러분의 가능성은 남는 시간이나 자투리 시간보다 더 나은 대우를 받을 자격이 있습니다. 그렇다고 해서 또 우선순위 업무를 미룬다면 폐업을 하거나 운이 다하게 될 수도 있겠지요.

오늘은 우선순위와 가능성 사이에서 균형을 찾고 그 내용을 문서로 정리해보면 어떨까요. 미래가 없다면 오늘의 일도 소용이 없고, 오늘 우선순위의 일을 해놓지 않으면 미래도 없으니까요.

Today's the day!

완벽하지 않은
세상에서 살아가기

토론이나 강의, 해설 같은 것을 시작할 때 상투적으로 쓰는 문구가 있습니다.

"완벽한 세상에서는⋯."

이 말에는 만약에 세상이 완벽하다면 우리가 모든 걸 하고, 모든 게 되고, 모든 걸 만들고, 모든 걸 고칠 거라는 함의가 있습니다. 멋진 상상이지만 우리가 사는 이곳은 완벽한 세상이 아니니, 그런 헛된 말은 의미가 없습니다. 부정적이거나 비관적인 게 아닙니다. 현실인 거죠.

저는 오늘의 세상을 긍정적으로 봅니다. 내일은 더 나은 세상이 될 거라고 믿어 의심치 않습니다. 이러한 면에서 저는 아주 낙천적입니다. 사실 저만큼 명랑하고 용기를 북돋는 태도를 지닌 사람도 만나기 쉽지 않을 것입니다. 하지만 이런 저조차도 이 세상이 완벽함에서 거리가 멀다는 사실은 압니다. 다시 말해서 우리는 선택을 강요받고 있다는 뜻입니다.

매일매일 나 자신의 시간과 노력, 에너지, 돈을 투자할 수 있는 수많은 기회가 펼쳐집니다. 여기에 더해 내가 가진 노력과 자원을 온갖 이유로 기부해달라는 요청을 받습니다. 여기에서 30분, 저기에서 1시간, 매일 아침 10분 동안 무엇을 해달라고들 합니다. 우리의 시간과 돈을 원하는 이런 모든 제안을 다 수용한다면 수백만 달러의 수입을 올리고 수백만 달러를 기부할 수는 있겠지만, 매일 수백 시간도 더 있어야 할 겁니다. 이것은 불가능한 일입니다. 게다가 이런 모든 결정의 무게 때문에 생활도 업무도 비효율적이겠죠.

따라서 본인의 시간과 노력, 에너지, 자원, 기부 등을 어떻게 투자할지 결정할 가이드라인이 필요합니다. 저의 규칙은 이렇습니다.

1. 다른 누구보다 나에게 있어 중요한 문제일 것: 나 자신의 욕구, 필요, 욕망보다도 열정적인 영업자나 모금 행사의 분위기에 휘둘리는 일이 잦기 때문입니다.

2. 그 과정이 효율적이고 효과적일 것: 개인의 자원은 한정되어 있기 때문입니다. 원하는 목표에 도달하려면 자원을 현명하게 사용할 줄 알아야 합니다.

3. '아니오.'라고 말할 수 있을 것: 이 간단한 말이 평화와 번영과 행복으로 가는 징검다리입니다. 내가 열정을 가지고 있는 우선순위의 일들에 "예."라고 말할 수 있으려면 다른 나머지 일들에 대해서는 "아니오."라고 해야 합니다.

우리는 모든 걸 다 할 수 있는 완벽한 세상에 살고 있지 않습니다. 취사선택을 해야만 하는 세상이라면 그럭저럭한 것, 심지어 괜찮은 것에도 안주할 까닭이 없습니다. 물건, 사람, 상황 등 모든 것에 있어서 가장 빼어난 것을 추구하는 게 옳은 방향인 듯합니다.

모든 게 가능한 완벽한 세상에 살고 있지 않다고 아쉬워하기보다. 그렇기 때문에 우리가 사는 세상을 위해 최선의 선택을 하고 그 일을 완벽하게 수행하는 편이 낫지 않을까요?

Today's the day!

진짜 보물을
발견하라

Wisdom for Winners

1800년대 중반 미국 캘리포니아와 네바다에서 벌어진 골드러시에 관한 역사 소설을 읽었습니다. 그 시대 그곳 사람들의 생활상을 엿보는 일도 흥미로웠지만, 여기에도 여러 가지 배울 만한 교훈이 있었습니다.

초기 광부들의 곡괭이 날 끝에 금덩어리가 걸렸고, 바야흐로 황금광 시대가 시작되었습니다. 전 세계에서 사람들이 몰려들었죠. 대부분이 꿈과 희망 말고는 빈털터리였습니다. 우후죽순으로 광산이 개발되었습니다. 땅에서 금광석을 캐내는 작업은 점점 더 비용이 많이 들고 노동집약적인 과정이 되어갔죠. 부자가 될 기대에 부풀어 지구를 반 바퀴나 돌아서 온 많은 이들이 남의 광산에서 임금노동자로 일했습니다.

그런데 여기 서부 해안 광산에는 독특한 점이 있었습니다. 갱도와 수직갱을 파자 계속 푸른 진흙이 흘러나오는 겁니다. 이 진흙을 삽으로 퍼서 밖으로 끄집어내 버리는 작업에만 많은 일손이 필요했습니다. 광산 밖에는 푸른 진흙 폐기물이 거대한 산을 이루었죠. 진흙 제거 작업으로 채광 비용이 증가하고 광부들도 더 위험에 노출되었습니다.

여러 나라 광산 전문가들이 초빙되었습니다. 골칫덩이 푸른 진흙을 해결할 방법을 찾기 위해서였죠. 그러던 중 어느 경험 많은 아일랜드 광산 전문가가 현장에 도착했습니다. 그는 수직갱을 향해 걸어서 언덕을 오르다가 그 언덕이 거대한 푸른 진흙 더미로 이루어졌다는 걸 알고는 놀란 목소리로 말했습니다.

"내 평생에 은광석이 산을 이룬 건 또 처음 보는군."

콤스톡 광맥Comstock Lode이 세상에 알려진 순간이었습니다. 콤스톡 광맥은 어마어마한 은 매장량을 자랑합니다. 시원치 않은 금맥이 아니라 그들이 보고도 가치를 깨닫지 못했던 부산물, 아니 폐기물로 노다지를 맞은 것입니다.

여러분의 상황을 다른 각도에서 관찰하는 것만으로도
지혜를 얻고 천재성을 발휘할 수 있습니다.

이 이야기를 읽고서 푸른 진흙을 찾으러 가는 사람은 없을 겁니다. 대신 이야기에 담긴 중요한 의미를 깨닫는다면 금이나 은보다 더 가치가 있는, 다음과 같은 '황금 질문'을 던질 수 있습니다.

'한 방향에 대한 고정관념 때문에 다른 방향에 있는 기회를 못 보고 지나치지는 않았나?'

성공이란 보통 다른 사람보다 앞서서 가치를 알아차리고 이용하는 것에서 찾아옵니다. 여러분의 주머니에는 어쩌면 손에 넣고 싶은 모든 것의 열쇠가 이미 들어 있는지도 모릅니다. 한 걸음 물러서서 다른 관점에서 보세요. 여러분이 보는 것만을 생각하지 말고, 타인의 눈에는 무엇이 보일지를 생각해보세요. 현재 여러분의 상황을 다른 각도에서 관찰하는 것만으로도 지혜를 얻고 남다른 천재성을 발휘할 수 있습니다.

오늘 하루는 어제와 다른 시선으로 세상의 보물을 발견해보면 어떨까요? 금이나 은보다 더 귀중한 보물이 이미 여러분 손에 있는지도 모릅니다.

Today's the day!

간단하지만 결코 쉽지 않은 부자학 개론

Wisdom for Winners

대단히 의미 있는 통계 수치 하나를 어제 들었습니다. 처음에는 숫자가 대단하게 느껴지지 않아서 자칫 알아차리지 못할 뻔했지만, 내용을 계속 듣고 있자니 그 중요성에 점차 머리가 깨이더군요. 지난달 미국의 평균 저축률이 마이너스 1퍼센트였습니다. 마이너스 1퍼센트? 그깟 정도로 무슨 수선이냐 싶을 겁니다. 심지어 그게 저축률이라고 하니, 그닥 위험해 보이지도 않습니다. 하지만 여기에 우리가 꼭 짚고 넘어가야 할 중요한 문제가 숨어 있습니다.

이자율은 여전히 역사적 저점에 있습니다. 대부분의 사람이 살면서 한 번도 경험해보지 못한 수준입니다. 미국 경제는 상대적으로 건강하고 견고한 성장률을 보이고 있습니다. 고용률도 완전고용이라고 해도 좋을 정도까지 근접해 있습니다. 전반적인 경제 전망도 양호합니다. 그런데 미국이 과거에 저축률 마이너스 1퍼센트를 찍었던 적이 단 한 번 있습니다. 바로 1933년이었습니다. 역사를 공부한 사람은 이때가 대공황의 저점이라는 것을 알 것입니다. 자연히 이런 의문을 품습니다.

"호경기에 이 수치인데 경제가 나쁘게 돌아가면 대체 무슨 일이 벌어진단 말인가?"

이쯤에서 부자가 되는 것에 관한 미신과 진실을 여러분과 함께 검토해보아도 좋을 것 같습니다. 부자들이 받는 대표적인 오해가 있죠. 상속을 받았거나 복권에 맞았거나, 둘 중 하나라는 겁니다. 그렇지 않습니다. 백만장자의 90퍼센트 이상이 자수성가한 사람입니다. 스스로 돈을 벌고 저축하고 투자해서 부자가 된 거죠. 로또 당첨자의 10년 내 파산 신청 확률이 로또에 당첨되지 않은 일반 서민들보다 높다는 이야기도 있지 않습니까? 내가 부자가 아닌 이유에 있어서도 오랜 격언이 보통은 틀리지 않습니다.

"내 탓이오, 내 탓이오, 내 탓이로소이다."

오해를 걷어내고 내 탓임을 분명히 하였으니, 이제 부자가 되는 몇 가지 규칙을 알아볼까요?

1. 번 것보다 적게 쓴다.
2. 돈은 가능한 한 빌리지 않는다.
3. 알뜰하게 생활한다.
4. 저축과 투자를 규칙적으로 한다.

부자가 되는 방법이란 이처럼 초등학생도 배울 수 있을 만큼 간단합니다. 현실의 많은 백만장자가 실제로 초졸 학력입니다. 게임에서 이기려면 일단 규칙을 이해한 다음, 나보다 먼저 승리를 거머쥔 사람들의 발자취를 따라가면 됩니다. 제가 쓴 책과 주간 칼럼, 그리고 강연을 통틀어서 여러분에게 드렸던 최고의 조언은 아마도 이런 말이었다고 생각합니다.

"내가 원하는 것을 가지고 있지 않은 사람의 조언은 받아들이지 마라."

돈을 모으는 데 있어서도 이 말은 예외가 아닙니다.

부자가 되는 이 간단한 규칙을 오늘 여러분이 하루를 보내는 동안에 적용하고 실천해보길 바랍니다. 단, 간단하지만 결코 쉽지는 않다는 게 함정입니다. 쉬우면 모두 다 부자가 되었게요.

Today's the day!

지는 게임을
할 필요는 없다

Wisdom for Winners

제 고향이자 터전인 미국 오클라호마주는 최근 복권 발행과 판매를 허용했습니다. 우리 주 복권만 살 수 있는 게 아니라 이제 오클라호마 사람도 미국 전역을 대상으로 하는 파워볼Power Ball 로또를 구입할 수 있게 된 거죠. 텔레비전, 라디오, 신문 할 것 없이 "이번 주 백만 달러의 주인공은?" 같은 광고를 내보내고 있습니다.

제 고향뿐만 아니라 어디서나 선의와 상식을 가진 이들은 복권의 순기능과 역기능을 꾸준히 도마에 올리고 토론을 이어갈 겁니다. 저까지 숟가락을 얹지는 않으렵니다. 다만 여러 종류의 복권을 규칙적으로 구입하는 사람에게 하나의 질문을 던지고 싶습니다. 매주 복권을 수백 달러어치나 사는 구매자가 많다는 게 국가 통계로도 확인이 되는데, 평생에 걸쳐서 매주 복권을 40달러어치씩 사는 사람들에게 다음과 같이 묻는다면 어떨까요?

"당신 인생의 어느 시점에 백만 달러짜리 복권에 맞게 해준다고 약속하면 평생 동안 꾸준하게 복권을 사겠습니까?"

"네!"라는 우렁찬 대답이 들리는 것 같군요. 일단 현실에서 백만 달러짜리 복권에 당첨될 확률은 설령 정말로 평생에 걸쳐서 매주 복권을 산다고 해도 번개 맞을 확률보다 낮습니다. 반면에 일을 할 수 있는 기간 동안 매주 40달러로 평균적인 성장주 펀드(뮤추얼펀드 형태)를 꾸준하게 분할 매수했다고 치면 어떨까요? 지난 50년 중 어느 기간을 지표로 삼아서 계산을 해도 그렇게 투자한 사람은 백만 달러 이상을 쉬 벌었습니다. 역사의 약속인 것입니다.

꾸준한 보수적 투자가 복권을 사는 것보다 백번 낫더라는 이런 깜짝 놀랄 만한 사실을 깨닫고 나서 저는 평소 복권을 구입하는 몇몇 사람에게 새로 얻은 이 지혜를 말해주었습니다. 복권을 열심히 사는 사람들 중에는 투자용 계좌 자체가 없는 사람도 많다는 사실에 여러분은 저만큼이나 놀랄 수도 있고 아닐 수도 있습니다. 하지만 이것은 제가 오랫동안 심증을 가져온 가설을 재확인한 계기이기도 했습니다. 만약 세상에 있는 돈을 모든 사람에게 똑같이 나눠준다면 몇 년 지나지 않아 그 돈이 지금 부자인 사람들의 주머니로 다시 들어갈 거라는 생각입니다. 부자는 더 부자가 되고, 가난한 사람은 더 가난한 사람이 되는 까닭은 간단합니다. 돈은 원인이 아니라 결과이기 때문입니다. 부자냐 아니냐는 우리 삶의 다른 요소들이 증상으로 발현한 것입니다.

지는 게임을 할 필요는 없습니다. 확실한 미래에 투자할 기회를 엿보는 오늘 하루가 되기를 바랍니다.

Today's the day!

동업은 냉탕 아니면
열탕이다

Wisdom for Winners

동업을 하면 십중팔구 둘 중 하나로 결론이 납니다. 최고의 시간을 보내거나 최악의 시간을 보내거나. 동업 관계라는 건 냉탕 아니면 열탕입니다. 중간이 없습니다. 동업을 경험해본 사람은 이렇게 말할 겁니다. 내 인생에서 최고로 잘한 일이었다, 혹은 내 인생 최대의 실수였다고요.

잘못된 이유에서 동업을 하는 경우가 많습니다. 동업을 생각하고 있는데 혹시 그 이유가 다음 중에서 하나라도 해당된다면 당장 멈추십시오.

1. 비즈니스 파트너가 있으면 일에 재미나 흥미가 더 생길 것 같다.
2. 혼자 사업하기 무섭고 어쩌면 심심할 것도 같다.
3. 내가 하고 싶지 않은 일을 동업자가 다 처리해주겠지?
4. 비즈니스 기회를 동업자가 많이 물어다주겠지?

5. 재주 많은 친구가 있는데 지금 별다른 일이 없다니까.

이러한 내용이 동업 관계를 고려하는 과정에서 다 중요하겠지만, 꼭 기억해야 할 것은 동업자로 굳이 묶이지 않고도 공급자, 고객, 외주 작업자, 컨설턴트, 합작투자 상대 등으로 얼마든지 비즈니스 관계를 유지할 수 있다는 것입니다. 무모하게 동업부터 생각하는 건 첫 데이트를 하고서 눈에 뭐가 씌어 결혼을 하자는 연인 같습니다. 좋은 생각 같아 보이지만 결과도 긍정적인 사례는 드뭅니다. 동업 관계를 한번 고려해볼 때조차도 반드시 다음 여건을 점검해야 합니다.

1. 동업자가 동업 관계에 기여할 재능, 자산, 책임 등을 명확하게 확인한다.
2. 동업자가 맡을 책임과 업무량을 정하고 업무 지시 계통을 명확히 한다.
3. 일어날 수 있는 모든 사태에 대해 동업자들 간에 명확한 협의를 보고, 그 내용을 서면으로 작성한다.
4. 출구 전략이 명확하고 이해하기 쉬워야 한다.

이 사람과는 무언가 일이 잘될 것 같고 적극적인 분위기가 형성될 때 보통 동업할 마음이 생깁니다. 하지만 이때가 바로 잠재적 문제들을 어떻게 다룰 건지 이야기할 시점입니다. 상대의 느낌도 지금 내 느낌만큼 좋나요? 나중에 흥미를 잃거나 신의를 저버릴 수도

216

있지 않을까요? 동업자가 이혼의 아픔을 겪을 수도 있고, 사망할 가능성도 없진 않습니다. 이런 각각의 가능성 말고도 다른 오만 가지 것들을 함께 고려해야 합니다. 물론 나랑 정말 잘 맞는 동업자가 옆에 있어준다면 그야말로 천군만마겠죠. 의기투합하면 하나 더하기 하나가 열이 되고 백이 되고 천도 됩니다.

오늘 여러분이 혹시 동업을 고려하는 어떤 사람이 있다면, 그 결과가 최고의 시간이 될지 아니면 최악의 시간이 될지 한 번쯤 고민해보는 시간을 가져보십시오.

Today's the day!

순자산과 순가치
비교하기

Wisdom for Winners

평범한 사람이 돈과 관련해서 갖는 목적은 대단히 애매하고 일반적입니다. '더'라는 한마디 말이 대체로 모든 목적을 대변합니다. 더 많은 돈, 더 많은 저축, 더 많은 소득, 더 많은 투자, 더 빠른 은퇴, 그리고 더 많은 물건을 원합니다. 세상은 소비사회가 되었습니다. 순간순간 광고가 파리 떼처럼 달라붙습니다. "네가 가진 물건이 바로 너야!"라는 거죠. 구매를 하면 나라는 존재에도 플러스가 될 것처럼 말입니다.

대다수 사람이 정도의 차이는 있지만 불행합니다. 소비자를 향한 메시지는 나보다 더 가진 사람이 행복하다고 합니다. 그래서 우리는 단순히 더 많은 것을 갖는 삶을 살려고 합니다. 저는 상대적으로 가난했다가 이제는 상대적으로 부유한 인생을 살고 있습니다. 그런 사람으로서 "이왕이면 부자가 낫다."는 격언에 고개를 끄덕일 수 있습니다. 하지만 우리를 행복하게 만드는 건 돈이 아니고, 돈으로 사는 것도 아니라는 사실을 잘 압니다. 행복은 벽에 붙은 실내온

218

도 조절장치 같은 것입니다. 내가 직접 눈금을 맞추는 거죠. 에이브러햄 링컨이 평생 우울증 진단을 받고 힘들게 살았다는 걸 아나요?

"사람은 자신이 정한 만큼만 행복하다."

링컨의 말입니다. 대부분의 사람은 타인을 감복시킬 만한 소유물을 원합니다. 그것을 내 것으로 만들려고 더 빨리 달리고 더 거세게 몰아칩니다. 진상 고객을 상대로 울며 겨자 먹기로 일하는 경우도 많죠. 그런데 타인은 내 소유에 대해 내 생각만큼 신경을 안 쓴다는 게 함정입니다. 그런데도 왜 그렇게 애쓰는지 물으면 뒤따라오는 대답은 다 가족 때문이라고 할 겁니다. 정말 그럴까요? 가족과 관련한 측면에서 여러분의 순자산 대 순가치를 살펴보죠.

1. 내 인생과 삶의 방식에 많은 영향을 준 집안어른을 떠올려보세요. 그분이 여러분 인생에 남겨준 건 아마도 돈보다 가치였겠죠?

2. 과거 여러분의 성격 형성기에 영향을 준 사람들을 떠올려보세요. 그분들은 여러분의 삶에 비단 돈뿐만 아니라 시간, 사랑, 교훈을 투자하지 않았나요?

3. 친구나 가족과 보낸 특별한 시간을 떠올려보세요. 그때도, 지금도 여러분의 인생에서 소중한 그런 시간은 돈과는 크게 연관이 없지 않나요? 돈을 쓰지 않고 했던 일 중에서 기억에 소중히 남은 건 없나요?

4. 그렇다면 여러분은 자손에게 무엇을 남기고 있나요? 시간, 교훈, 기억 같은 것인가요? 이런 것을 소유물을 좇는 과정에

서 희생한다면, 그건 마치 후손이 물려받을 것들 중에서 가장 가치 있는 부분을 당사자의 허락 없이 쓰고 있는 셈이랄까요. 아들딸, 손자손녀가 돈만을 바라지는 않을 것입니다. 당신이라는 사람을 더 원하겠죠.

삶의 교훈이라는 것이 대개 그렇듯이 이것도 균형 잡기 활동입니다. 사람들은 회색 질문에 대해 흑백의 답을 구합니다. 돈이 필요한 곳에는 역시 돈만 한 게 없습니다. 하지만 그 지점을 넘어서면 여러분의 특별한 사람은, 그들의 가슴과 마음과 정신에서 여러분의 돈보다 여러분이라는 사람을 더욱 절실히 원할 겁니다. 사랑하는 이들을 위해 나의 순자산과 순가치를 함께 늘릴 방법을 오늘 하루를 살며 찾아보기 바랍니다.

Today's the day!

모든 슛이
중요하다

Wisdom for Winners

지난 주말은 대학농구 경기로 온 미국이 들썩였습니다. 저도 몰입해서 중계에 귀를 기울였죠. 혼을 쏙 빼고 즐겼답니다. 65개 팀이 출전하는 미국대학체육협회 토너먼트 대회와 다수의 지역별 챔피언 결정전 말고도 그간 얼마나 많은 대학농구 경기가 열렸는지 모릅니다. 여러 방송 채널을 돌려가며 중계를 듣다가도 결국은 하나의 채널에 정착하게 되죠. 좋은 캐스터와 해설자는 현장 분위기를 펄떡이는 활어처럼 전달해주지만, 반대의 경우는 흥미진진한 경기도 김 빠진 콜라처럼 만듭니다.

뜨겁게 불붙은 농구 코트에서 자주 벌어지는 일이 있습니다. 이기거나 뒤지거나 아슬아슬한 경기의 승패가 마지막 슛 한 방으로 결정되는 때입니다. 중계 캐스터가 한껏 격앙된 목소리로 외칩니다.

"이번 마지막 슛에 모든 게 달려 있습니다. 오늘 경기가, 챔피언 결정전이, 시즌 전체가 이번 슛 하나로 마감합니다."

22초를 남기고 1점 차이로 지고 있는 상황에서 이 말은 정말로 옳게 들리지만, 사실은 그렇지 않습니다.

벌써 여러 해 전의 일입니다. UCLA 농구팀의 전설적인 존 우든 John Wooden 감독과 함께 텔레비전 토크쇼에 출연하는 영광을 경험했죠. 그날 역시도 모두가 존경해 마지않는 그가 차분하면서도 자신감 있는 몸가짐을 보여주며 이렇게 언급한 게 기억이 납니다.

"농구 경기에서는 득점의 총합만 중요한 거지, 첫 득점이든 마지막 득점이든 그딴 건 아무런 의미가 없습니다."

우든 감독의 통찰력 있는 말에 저는 머리를 한 대 맞은 느낌이었습니다. 승리와 패배가 결판나는 종료 직전의 슛이라고 해서 정말로 게임의 첫 슛보다 의미를 더 부여할 까닭은 없는 것입니다.

비단 농구 경기에서만이 아니겠죠. 마감에 임박해서야 일을 끝낼 때가 얼마나 많나요. 단 1시간, 아니 5분, 10분이 아쉬워서 어쩔 줄 모르며 말이죠. 발등에 떨어진 불을 끄느라고 동동댈 때에야 비로소 우리는 시간이란 앞뒤 가릴 것 없이 중요함을, 어느 쪽 시간도 낭비할 수 없다는 것을 깨닫습니다. 실제로도 업무 초기에 시간 관리를 잘하면 보통은 마지막 몇 시간이 그렇게 결정적이지 않습니다. 이미 일을 여유롭게 마쳤기 때문이죠.

시간과 자원을 잘못 관리해서 스스로 위기를 만들어내지 않아도 삶은 우리에게 충분한 위기 상황을 던져줄 겁니다. 인생 경기든 농구 경기든 마지막 순간에 다급한 슛을 쏘기보다 경기의 승리를 위해 미리미리 분투해야 합니다.

Today's the day!

'얼마나'가 아니라
'어떻게'가 중요하다

Wisdom for Winners

우리 사회에 잘못된 전제가 하나 있는데, 여기에 여러 세대가 고개를 끄덕여왔습니다. 그 전제란, 더 많이 알면 더 많이 벌고, 더 성공하면 더 행복해진다는 것이죠. 한마디로 말하자면 이건 사실이 아닙니다.

"중요한 건 얼마나 영리하냐가 아니라 어떻게 영리하냐."라고들 하죠. 세상에는 자기 지식을 자랑하는 사람들이 넘쳐나지만 중요한 건 지식 자체가 아닙니다. 그 지식을 어떤 형태로 적용해서 자신이 구하는 답을 얻느냐가 관건입니다. 저는 매일 독서를 합니다. 오디오북과 고속 플레이어 덕분이죠. 그런 사람으로서 저는 먼저 교육과 학습이 꼭 필요하다고 말하고 싶습니다. 그런데 중요한 것은 그것을 현실 상황에 적용할 수 있어야 꼭 필요한 것이 됩니다.

외과 의사인 친구가 있습니다. 수입이 좋은 전문직입니다. 자세한 수술 과정이 궁금해서 물었더니 이렇게 간단히 답하더군요.

"어, 그냥 째고서 손상된 조직을 제거하면 끝."

223

아니, 메스 한 번 잡고 긋는 일로 수천 달러를 번다는 말이냐고 다시 물었더니 돌아온 답이 이랬습니다.

"응, 절개 자체는 10달러면 해줄 수 있어. 절개할 자리를 아는 게 비싼 거라고."

비즈니스나 삶에서도 그렇습니다. 답을 곧바로 손에 넣는 것보다 올바른 질문이 무엇인지 아는 게 더 중요할 때가 많습니다. 지금은 초고속 인터넷 시대입니다. 지식은 클릭 한두 번으로 얼마든지 얻을 수 있습니다. 하지만 어디서 그런 정보를 얻고, 그것을 현실의 문제나 기회에 어떻게 적용하는지 아는 것은 수천 년 전에 살았던 사람들이 그랬던 것과 마찬가지로 여전히 쉽지 않은 과제입니다.

저는 금융 분야에서 몇 가지 자격증을 따려고 여러 번 시험을 치렀습니다. 투자 중개인, 금융 플래너, 기업금융 전문가 등이 되려면 복잡한 금융 계산을 할 줄 알아야 하고, 이것을 익히는 데만도 여러 달이 걸립니다. 하지만 안타깝게도 일단 시험에 통과하면 두 번 다시는 그런 계산을 직접 할 일이 없습니다. 컴퓨터가 대신 해주기 때문입니다. 금융 계산만이 아닙니다. 일상적으로 해야 하는 많은 일들이 키보드 자판 몇 번 누르면 바로 끝납니다.

간혹 그런 사람들이 있습니다. 전화번호부를 통째로 외워서 줄줄 읊을 수 있는 놀라운 기억력과 총명함을 자랑하는 이들이죠. 그것이 정말로 대단한 능력인 것은 맞는데, 다른 한편으로 그것은 진기명기 같은 쇼와 다를 바 없는 것도 사실입니다. 전화번호부에 담긴 모든 정보야 옛날 같으면 114에 물어보면 되고, 지금 같으면 컴퓨터로 찾으면 되니까요. 물론 직접 손으로 전화번호부를 넘겨가며 찾아도 되겠죠.

성공한 사람, 다시 말해 여러분이 삶에서 얻고자 하는 것을 이미 얻어낸 사람을 만난다면 이렇게 물어보길 바랍니다. 성공을 이룬 과정에서 어떤 지식이 필요했느냐고 말입니다. 여러분의 예상과는 꽤 다른 대답을 들을 겁니다. 누구도 궁금해하지 않는 지식을 배우느라 많은 시간을 허비하지 말고, 현실에서 사람들이 정말로 궁금해하고 찾고 있는 지식이 무엇인지 판단해야 합니다. 지식은 지구에서 가장 가치가 있는 재원입니다. 쓸모있는 지식인 경우에만 그렇습니다.

오늘 하루 나에게 유익한 지식을 가져다줄 조언과 지혜를 구해보길 바랍니다.

Today's the day!

보수를
뛰어넘는 보상

Wisdom for Winners

지난주에는 경축일이 이틀이나 있었습니다. 전혀 상관도, 관계도 없는 별개의 두 날이었는데 제 마음에서는 하나로 합쳐지더군요. 하루는 매년 돌아오는 노동절이었습니다. 국경일이지만 노동 분야 활동가나 노조원이 아닌 다음에야 특별히 그날을 기념하는 사람은 없는 것 같습니다. 미국 노동절은 9월 첫 주 월요일이기 때문에 많은 미국인에게 이날은 그저 여름이 끝나는 마지막 토·일·월 연휴일 뿐이죠. 안타깝게 생각합니다.

다른 하루는 제 아버지가 한 직장에서 50년 근속한 것을 축하하는 날이었습니다. 아버지는 여전히 그곳에 다니고 있습니다. 이 기념비 같은 일을 엊그제 몇몇 친구와 동료에게 이야기를 했더니만 모두가 비슷한 반응이었습니다. 제가 잘못 말한 줄 알거나, 아니면 자기가 잘못 들었다고 여긴 것이죠.

1955년 8월에 해군을 제대한 아버지는 어느 조직의 문서수발실 사환으로 취직했습니다. 지금까지 변함없이 그곳에 고용된 상태고요. 업무만 크게 달라져서 이제는 한 예하 기관의 대표이자 CEO입니다. 반세기 전에 발을 들인 곳이죠.

오늘날 고용 시장에서 이러한 종류의 장기근속과 헌신은 오래전에 공룡과 함께 사멸한 분위기입니다. 한때는 당연했던 종신고용이라는 말조차 처음 들어보는 취준생도 많을 겁니다. 아버지는 일이란 것을 지금과 다르게 본 한 세대를 대변합니다. 아버지 세대는 자신이 받을 보상과 혜택 등에 대해서도 고민을 했지만, 또한 자신이 조직과 사회 전반에 어떤 기여를 할 것인지에 대해서도 고민을 했었죠.

아버지는 당신의 일을 소명으로 보았습니다. 사장님이 나를 대하는 만큼 나도 사장님을 대하면, 그게 바로 궁극의 '황금 수갑'이나 '황금 낙하산'이 된다고 믿었습니다. 설명을 좀 드리자면, 황금 수갑과 황금 낙하산은 오늘날 임원 보상 관련하여 쓰이는 용어입니다. 고급 인력이 퇴사하지 않게 많은 인센티브를 줘서 묶어두는 게 황금 수갑이고, 고위급 임원이 회사를 나가야 할 때 돈다발이라도 들고 떨어질 수 있게 만든 장치가 황금 낙하산입니다.

하지만 직장이라는 개념이 아버지 세대와 같다면 고용주는 필요한 직원을 붙잡아두려고 술책을 부릴 필요가 없고, 피고용인도 안전망을 만드느라 머리를 짜내지 않아도 될 겁니다. 대신 고용주는 오래 함께 일한 직원을 존중하고 그들의 헌신을 인정해줍니다. 피고용인도 자기 가족을 떠나지 않듯이 회사를 쉽게 떠나지 않을 겁니다. 인사 문제에 있어서 사실 가장 이상적인 해법은 고용주와 피고용인의 관계가 직업적 거래 관계가 아니라 가족처럼 서로 일을 돕는 것입니다. 이러한 노사 관계에서는 자신이 하는 일과 그것을 얼마나 잘하느냐, 누구를 위하여 일하느냐가 요즘 노사 공통의 '내게 무슨 이익이 있지?'라는 질문보다 훨씬 더 중요합니다. 사람만 제대로 만나면 이것저것 따질 필요가 없는 것이죠.

오늘도 일터에서 하루를 보내면서 가치를 창조할 방법을 찾아보세요. 보통의 보수를 뛰어넘는 보상이 있지 않을까요?

Today's the day!

빛내는
삶

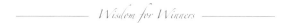

━━━━━━━━━ *Wisdom for Winners* ━━━━━━━━━

밀려드는 광고 이미지와 메시지가 그야말로 홍수 같습니다. 이제 광고는 공기처럼 당연해서 우리가 잘 깨닫지도, 느끼지도 못하는 지경에 이르렀습니다. 우리는 광고업계의 먹잇감입니다. 기업들이 광고를 하는 이유는 돈이 너무 많아서가 아니라, 광고가 먹힌다는 걸 알기 때문입니다.

다양한 광고를 통해서 우리에게 팔고 있는 일등 품목이 뭔지 아나요? 많은 사람들이 깜짝 놀랄 겁니다. 그건 옷이나 차가 아니고, 음료나 맥주도 아니고, 여행 상품도 아니고, 바로 빚입니다. 그러고 보니 정말로 대출 광고, 신용카드 광고를 많이 접했죠? 대부는 수요가 많은 소비자 품목이 되어왔고, 그렇게 많은 이들의 지갑과 다수의 삶을 손아귀에 넣었습니다.

빚은 물론 효과적인 도구이기도 합니다. 하지만 21세기에 우리가 경험하고 있는 소비자 대출 습관에 비교하면 그렇게 효과적으로 쓰이는 경우가 오히려 드물 겁니다.

빚내는 것을 고려해야 하는 상황이 간혹 있습니다. 그런데 빚을 피해야 하는 상황은 아주 많습니다.

오늘날에는 빚을 부추기는 광고가 월등히 많습니다.
빚은 수요가 많은 소비자 품목이 되어왔습니다.

다음과 같은 경우라면 빚내는 걸 고려해볼 만합니다.

1. 가치가 상승하고 있는 집이나 부동산, 기타 자산을 구입하려는데 돈이 모자랄 때
2. 일시적 목돈 지출 부담을 할부 등으로 책임 있게 분산할 때
3. 실직이나 투병, 기타 삶의 위기가 닥쳤을 때 잠시 의존하는 용도일 때

다음과 같은 경우라면 빚내는 걸 피해야 합니다.

1. 빚을 내서 빚을 갚는 경우(신용카드 대금이나 공과금을 카드 돌려막기나 한도대출 등으로 마련하는 경우)
2. 있어 보이고 싶은 욕심에 꼭 필요치 않은 물건을 빚을 내서라도 구입하려는 경우(내가 신경을 쓰는 그 사람들은 나를 그만큼 신경 쓰지 않는다는 걸 기억할 것)
3. 가치가 계속 하락하는 물건인데, 대금 납부 기간을 늘려 이자를 무는 경우(자동차 할부금 상환에 연소득의 절반 이상을 쓰는 경우)

4. 은퇴 자금이나 대학교 학비, 살다 보면 일어날 수밖에 없는 긴급 상황에 대비한 계획은 없으면서 씀씀이를 줄이지 못하는 경우

빚은 도구입니다. 다른 도구처럼 필요한 곳에 적절히 사용하면 유용합니다. 하지만 현재의 사회 분위기는 빚의 오남용을 부추깁니다. 망치에 비유를 해볼까요? 평범한 가정에서는 망치질을 할 일이 1년에 몇 번 되지 않습니다. 망치는 쓸 때를 제외하고는 공구함에 들어가 있지요. 그런데 어떤 사람이 망치를 항상 손에 들고 다니면 어떨까요? 심심해서 그냥 습관적으로 여기저기 나도 모르게 두들기고 있을 겁니다. 신용카드도 마찬가지입니다. 신용카드가 항상 손에 들려 있으면 쓰고 싶은 게 인지상정입니다.

빚은 나에게 정말로 도움이 될 때에만 내는 것인데, 살면서 그런 경우는 흔치 않습니다. 오늘 대출 광고가 나를 유혹하거든 두 번, 세 번 생각해서 올가미에 걸려들지 않도록 주의하세요.

Today's the day!

4부

성공을 움켜쥐어라

"여러분의 꿈과 목적, 그것이 바로 여러분이 보살펴야 할 아기입니다.
세상 누구도 여러분 본인만큼 신경 써서 돌보지 않고, 구출하지 않습니다.
타인이 나 대신 그래 줄 거라는 기대는 접으세요.
내 것이니까, 스스로 돌보고 정말로 애써야 합니다." _짐 스토벌 인생에서 성공을 좇는 건 꼭 필요한 일입니다만 '그게 뭐다'라고 규정하는 건 또 어렵습니다. 성공은 방향, 속도, 규모의 문제가 아니라 자신의 깊은 욕망과 원대한 잠재성의 실현에 관한 문제입니다.

하나하나의 성공은 눈송이를 닮았습니다. 쌓인 눈만 멋진 게 아니라 모든 눈송이가 다 독특하고 개별적인 작품입니다.

우리 모두가 성공을 정의하려고 애씁니다. 저에게 있어 '성공이 무엇인가'라는 화두는 '내가 누구인가'라는 질문과 떼려야 뗄 수가 없습니다. 세상에는 다양한 사람이 살고, 미디어의 수많은 메시지도 나름대로 또 멋대로 이러이러한 게 성공이라고 말합니다. 하지만 성공은 반드시 나만이 규정할 수 있고 나만이 만들어낼 수 있는 개인적인 명제라는 것을 기억하십시오. 이제 성공을 향한 모험을 시작할 때입니다.

성공의 비밀을
알려주는 필독서

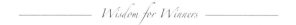

Wisdom for Winners

"5년 뒤의 나를 결정하는 것은 그동안 내가 만나온 사람들과 읽어 온 책들이다."

잘 알려진 자기계발 강사인 제 친구 '대단한' 찰리 존스가 자주 하는 말입니다. 우리는 책을 읽음으로써 역사 속 위인들의 뛰어난 생각을 접하게 됩니다. 그들은 수십 년, 수백 년을 전해 내려온 성공한 삶의 비밀을 알려주려고 누군가 책장을 펼칠 때까지 기다리고 있는 셈이죠.

제가 인생에서 성공을 향한 모험을 시작했을 때 제 멘토 중 한 분이 다음과 같이 말하며 필독서 목록을 주었습니다.

"이 열 권을 다 읽기 전에는 어디 가서 책 좀 읽었다는 소리는 하지 마라."

그때 이후로 제 도서 목록은 더 늘어나기도 하고 바뀌기도 했습니다만, 오늘 여러분에게는 저의 목록에 있는 열 권을 소개해드리고 싶습니다. 자기계발 분야에서 책 좀 읽었다는 소리를 하려면 이

건 꼭 읽어야 한다고 생각하는 책들입니다.

1. 《나의 꿈 나의 인생*Think and Grow Rich*》, 나폴레온 힐 지음
2. 《크게 생각할수록 크게 이룬다*The Magic of Thinking Big*》, 데이비드 슈워츠David J. Schwartz 지음
3. 《적극적 사고방식*The Power of Positive Thinking*》, 노먼 빈센트 필 Norman Vincent Peale 지음
4. 《깨어나 네 삶을 펼쳐라*Wake up and Live*》, 도로시아 브랜디 Dorothea Brande 지음
5. 《승자의 심리학*The Psychology of Winning*》, 데니스 웨이틀리 지음
6. 《누구에게나 최고의 하루가 있다*How to Sell Anything to Anybody*》, 조 지라드 지음
7. 《성공하는 사람들의 7가지 습관*The 7 Habits of Highly Effective People*》, 스티븐 코비Stephen Covey 지음
8. 《구름 위에는 언제나 태양이 있다*Tough Times Never Last, but Tough People Do*》, 로버트 슐러 지음
9. 《365일 거인과 함께 가라*Giant Steps*》, 토니 로빈스Tony Robbins 지음
10. 《선두를 달려라*Lead The Field*》, 얼 나이팅게일Earl Nightingale 지음

제가 선정한 열 권에 대해서 여러분은 고개를 끄덕일 수도 있고 가로저을 수도 있겠지만, 그런 건 중요하지 않습니다. 중요한 건, 여

러분 자신의 목적을 이루는 데 있어 가장 큰 지분을 차지하는 영역에서 꼭 읽어야 할 책들을 읽었느냐는 것입니다.

야구 전문가와 팬들은 가상의 역대 베스트 팀을 구성하며 어떤 선수를 넣느냐 빼느냐를 놓고서 다툽니다. 선수 선정에 있어서는 모두가 동의할 수 없겠지만, 선수의 이름이 계속해서 바뀔 수밖에 없다는 점에는 모두가 동의할 것입니다. 신인 선수는 매년 등장하고, 그중 몇 명은 다시 새로운 레전드가 될 테니까요.

이런 식으로 여러분의 필독서 열 권도 인생을 사는 동안 계속해서 변하고 늘어날 테고, 여러분도 궁극의 열 권을 찾는 모험을 하는 동안 계속해서 변하고 성장할 것입니다.

Today's the day!

거미원숭이 증후군
벗어나기

Wisdom for Winners

언론에서는 그렇지 않다고 하지만 지금 미국 경제는 사상 최대의 호황입니다. 우리는 그야말로 최고의 장소에서 최고의 시간을 보내고 있는 중입니다. 이렇게 풍요와 성공과 기회가 넘치는 시절인데, 왜 그토록 많은 사람이 자신의 목적 달성에 실패할까요? 저는 그들이 '거미원숭이 증후군'에 빠져 있다고 봅니다. 그게 뭐냐고요? 제가 만든 말입니다.

아마존 정글의 높은 나무에 사는 거미원숭이는 모양이 사람과 가장 흡사하지만 신장은 아주 작아서 대략 38~60센티미터에 불과합니다. 여러 해 동안 연구용 거미원숭이를 포획하려고 시도했지만 성공하지 못했는데, 어느 원주민이 요령을 알려주었답니다.

거미원숭이를 생포하는 방법은 간단합니다. 땅콩 한 알을 넣은 작은 유리병을 나무등치에 놔두고 사라지면 됩니다. 그러면 거미원숭이가 나무 아래로 내려와서 손을 병에 넣습니다. 땅콩을 쥐면 주먹이 너무 커서 병 밖으로 뺄 수가 없게 되죠. 자, 이제 거미원숭이를 잡으러 가기만 하면 됩니다. 땅콩을 자루째 옆에 놔두어도 거미원숭이는 유리병 속에 있는 주먹을 풀지 않는다고 합니다. 아니, 어차피 그림의 떡이고 애당초 간절히 원한 것도 아니었을 텐데, 왜 이렇게까지 놓지 않으려고 할까요? 그 한 알의 땅콩 때문에 거미원숭이는 자유를 빼앗길 수도 있고, 목숨을 빼앗길 수도 있습니다.

제가 거미원숭이에 대해서 철저하게 공부하고서 내린, 피할 수 없는 결론은 이 녀석들은 영리하지 않다는 겁니다. 하지만 거미원숭이를 보고 혀를 차기 전에 먼저 우리 자신을 돌아보면 어떨까요? 정말로 원하거나 필요한 게 아니면서 놓지를 못하는 게 우리 자신에게는 없습니까? 그것 때문에 완전한 성공과 궁극적 목적을 놓치고 있지는 않나요?

실패와 성공은 공존할 수 없습니다. 하나를 원한다면 다른 하나는 포기해야 합니다. 얼른 손을 놓고 여러분의 멋진 운명을 향해 출발하십시오.

Today's the day!

필요한 것은
이미 다 가지고 있다
Wisdom for Winners

저는 《셜록 홈즈》 시리즈의 팬입니다. 작가인 아서 코넌 도일은 도저히 풀 수 없을 것 같은 문제를 던지고, 위대한 탐정은 매번 추리에 성공합니다. 어떻게 그럴 수 있을까요? 사건 해결에 충분한 정보가 현장에 있다고 여기기 때문입니다.

우리는 목적을 달성하는 데 필요한 조각을 충분히 갖고 있지 않다고 여길 때가 너무나 많습니다. "교육이 부족해.", "시간이 모자라.", "연줄이 없어.", "돈도 없어." 같은 불평을 늘어놓죠. 지금의 나와 성공한 나 사이에 놓인 장벽은 정당한 것입니다. 그럼에도 불구하고 우리는 이러한 장벽을 넘지 못하는 것에 대한 핑계를 대고자 편리한 이유를 갖다 붙이는 일이 많습니다.

박사 과정 학생들을 지도하는 어느 수학 교수가 있었습니다. 박사 학위를 따기 전 최종 시험에서 교수는 심층 문제 여덟 개를 내고서 추가 점수를 받을 수 있는 보너스 문제 하나를 덧붙였습니다. 일종의 장난이랄까, 속임수였습니다. 왜냐하면 보너스 문제는 아인슈 타인도 풀지 못한 문제였기 때문입니다. 수학계에서도 이건 풀 수도 없고 풀리지도 않을 거라고 여겨지던 문제였지요.

그러나 답안지를 받아든 지도 교수는 흥분했습니다. 시험에 응시한 스무 명의 학생 중 세 명이 보너스 문제까지 풀어버린 것입니다. 지도 교수는 문제를 푼 세 명의 학생을 불러서 물었지요. 그게 뭔지나 알고나 있느냐, 세계적인 수학자들도 해답이 없다고 포기해온 문제를 도대체 어떻게 풀었느냐고요.

학생들은 한참을 침묵했습니다. 그러다가 한 학생이 대답했지요.

"풀 수 있는 문제니까 시험 문제로 나왔다 생각하고 열심히 푼 것밖에 없어요."

세계적인 수학자들조차 이 문제를 절대 풀 수 없다는 고정관념에서 벗어나지 못하고 핑계를 댔던 겁니다.

여러분은 목적을 향해 가는 길에서 필연으로 장벽과 마주하게 됩니다. 그것이 반드시 해결하거나 극복해내야 하는 정당한 문제인지, 아니면 여러분 자신과 주변인들이 핑곗거리로 삼고 있는 고정관념인지를 구분할 필요가 있습니다. 여러분의 미래를 향해 나아가는 데 필요한 것은 이미 모두 가지고 있거나 그것이 가장 필요한 시점일 때 나에게 제공될 것이라는 믿음, 그걸 믿고 나아갈 결심이 오늘 여러분에게는 필요합니다.

Today's the day!

성공의 길
따라 걷기
Wisdom for Winners

저는 은퇴한 국가대표 역도 선수이자 성공한 작가이고 강사이며, 에미상을 받은 내러티브 방송 채널의 공동 창립자 겸 대표로서 이런 질문을 자주 받습니다.

"성공의 열쇠가 무엇입니까?"

제가 시각장애인이기 때문에 유독 저의 성공을 궁금해하는 것 같습니다. 제 성공의 비밀은 정말로 별것이 없습니다. 성공한 사람들이 앞서 걸은 길을 저는 따라 걸었을 뿐입니다.

《대단한 사람들의 성공 비결》이라는 책을 집필하는 과정에서 저는 대단한 성공을 거둔 사람들 수십 명의 인생 행보를 인터뷰했습니다. 그들에게서 여러 가지 공통점을 발견했습니다. 성공한 사람들에게는 굳건한 신조가 있었습니다. 그 신조가 그들의 태도와 하루하루의 활동을 지배하더군요. 오늘날 사회를 떠도는 메시지는 안타깝게도 대부분 부정적인 것입니다. 강력하고 긍정적인 메시지를 자신의 신조로 지켜내려면 정말로 열심히 싸워야 합니다.

이러한 이유로 저는 켈리 모리슨과 여러 해를 함께 일했습니다. 제가 책과 강연을 통해 내보내는 메시지에 그녀의 강력하고 긍정적인 음악적 메시지가 결합하니 각각의 언명이 더욱 강력해지고 설득력을 얻는다는 사실을 알게 된 거죠. 이러한 언명 여섯 개를 골라 아름다운 엽서에 적었습니다. 제가 신조로 삼는 이 말들을 많은 사람들과 나누고 싶었기 때문입니다.

오늘 여러분에게 하고 싶은 말은, 이제부터 앞으로 여러분의 성공을 믿는 사람이 한 명은 생겼다는 것입니다. 성공을 향한 긍정적인 발걸음을 지금 바로 내디뎌보세요.

Today's the day!

시간이 무궁하지는
않다

Wisdom for Winners

아흔을 훌쩍 넘긴 할아버지가 한번은 인생을 좀 급한 마음으로 살 필요도 있다고 말했던 게 기억이 납니다. 어릴 때는 하루가 눈 깜짝할 사이에 지나가버리지만 1년은 영겁 같죠. 여러분도 멋진 여름날에 밖에서 뛰놀던 유년기를 떠올려보세요. 하루가 마법처럼 훅 지나가버리지 않았나요? 그런데도 달력 한 장은 어찌나 안 넘어갔던가요. 다음 내 생일, 크리스마스, 방학식 날은 백만 년이 흘러야 올 것 같은 느낌이었지요.

그런데 나이를 먹을수록 하루는 느릿느릿 지나가지만 한 해는 손에 쥔 모래처럼 빠져나간다는 게 할아버지의 말이었습니다. 어렸을 때 시간은 그야말로 무한한 밑천 같습니다. 하지만 뒷자리가 '0'으로 끝나는 생일을 한 번씩 맞을 때마다 시간 감각은 마치 신나게 도로를 달리는 자동차처럼 변속을 하며 속도를 높입니다.

지난 몇 년간 저는 배울 점이 많은 친구들과 생활 스터디 같은 모임을 만들어서 활동해왔습니다. 격주로 한 번씩 동시 통화를 하면서 그동안의 일과 인생사를 나누고, 서로를 격려하고 챙겨주자는 것이죠.

그중 한 명이 열두 살 난 딸 덕분에 정신이 번쩍 드는 경험을 했다고 합니다. 하루는 식탁에 둘러앉아 아침 식사를 하면서 늘 하던 대로 이야기를 나누다가, 가족이 다 함께 가고 싶은 휴가지를 꼽아보았다고 합니다. 한참 이야기를 주고받은 끝에 여섯 곳이 추려졌지요. 그때 친구는 장녀가 성인이 되려면 6년밖에 안 남았다는 사실을 깨달았다고 합니다. 그러니까 그 여섯 곳을 1년에 한 곳씩 다 가려면 당장 이번 여름부터 출발하지 않으면 안 되더라는 겁니다. 낭비할 시간 같은 건 없다는 현실에 화들짝 놀랐다고 합니다. 작년만 해도 막연히 자녀와 함께 보낼 시간이 무궁무진하게 남았다고 여겼는데, 실제로 꼽아보니까 정말로 얼마 남지 않았다는 사실을 알았답니다.

여러분도 인생을 살면서 꼭 하고 싶은 일을 모두 꼽아보세요. 지나온 시간이 얼마인지, 앞으로 해야 할 것은 얼마나 남았는지 헤아려보면 1년, 한 달은 고사하고 단 하루도 낭비할 수 없음을 알게 될 것입니다.

Today's the day!

245

나의 성공은
내가 보살펴야 하는 아기다

Wisdom for Winners

안데스산맥에 전쟁 중인 두 부족이 있었습니다. 한 부족은 저지대에 살고, 다른 부족은 높은 산악 지대에서 살았습니다. 어느 날 산악 부족이 저지대로 쳐들어왔습니다. 그리고 약탈을 하는 과정에서 아기를 한 명 훔쳐서 산으로 데려갔죠.

저지대 사람들은 산을 탈 줄 몰랐습니다. 하지만 아기를 되찾아 오라고 최고의 전사들을 뽑아 산으로 올려 보냈죠. 전사들은 이런 저런 방법으로 등반을 시도했습니다. 한 산길로 갔다가 막히면 다른 길을 찾았죠. 며칠을 그리 애썼건만 산악 부족의 마을에는 닿지 못했습니다. 저지대 전사들은 마침내 승산이 없다고 여겨 포기하고 마을로 돌아갈 채비를 했습니다.

하산하려고 무기와 장비를 챙기고 있는데 멀리서 한 여자가 산을 내려오는 게 아니겠습니까? 납치된 아기의 엄마였습니다. 아기는 엄마 등에 끈으로 단단히 묶여 있었습니다. 전사들은 깜짝 놀라 그녀를 마중하며 물었습니다.

"아니, 이 험준한 산을 도대체 어떻게 오른 겁니까?"

마을에서 가장 힘이 세고 능력이 있다는 남자들도 할 수 없었던 일이니까요.

아기 엄마는 어깨를 으쓱하고 말했습니다.

"당신 아기가 아니라 내 아기잖아요."

여러분의 꿈과 목적, 성공에 대한 느낌, 그것이 바로 여러분의 아기입니다. 세상 누구도 본인만큼 신경 써서 돌보지 않고, 구출하지 않습니다. 타인이 여러분 대신 이뤄줄 거라는 기대는 접으세요. 여러분 자신의 것이니까, 스스로 돌보고 정말로 애써야 합니다. 자식 걱정밖에 안 하는 엄마 같은 마음으로 꿈을 좇는 겁니다.

Today's the day!

당신의 현 위치는
어디인가

Wisdom for Winners

맹인의 호기심이랄까요, 저는 두 눈을 멀쩡하게 뜨고 다니는 사람이
A 지점에서 B 지점으로 가는 데 성공하기도 하고 실패하기도 하는
방식을 살펴봅니다. 아니, 살펴 듣습니다. 앞을 훤히 내다보는데도
길을 잃고서 많은 시간을 허비한다는 사실이 저는 참으로 흥미롭습
니다.

얼마 전에 쇼핑몰 나들이를 했습니다. 진짜 오랜만이었습니다.
언제나처럼 주변에서 들리는 모든 대화에 귀를 기울였죠. 대부분의
쇼핑객은 가려는 곳으로 방향을 잡기 전에 일단 멈춰 서서 자신이
지금 어디에 있는지부터 파악하려고 애를 쓰더군요.

입점한 상점과 식당의 위치를 알려주는 지도가 쇼핑몰 여기저
기에 있었습니다. 이러한 지도는 구내 어느 장소에 있는 것이든 다
똑같습니다. 하나의 중요한 표식을 제외하면 말이죠. 각각의 지도는
자신의 자리에서 한 가지 고유한 정보를 제공합니다. 지도를 보면
한 장소를 가리키는 커다란 화살표에 '현 위치'라고 쓰여 있습니다.

'현 위치'라는 것은 개인 성취의 사슬에 있어서도 몹시 중요한 고리입니다. 무슨 말이냐 하면, 나 자신이 가고자 하는 지점에 닿으려면 꼭 필요한 한 조각의 중요한 정보가 바로 나의 현재 위치를 아는 것입니다. 내가 벌고 싶은 이만큼의 돈, 내가 빼고 싶은 이만큼의 몸무게 등등 수많은 사람이 비즈니스나 개인의 삶에서 이런저런 목표 지점에 도달하고 싶어 합니다. 그렇지만 만약 지금 자신이 어디에 있는지 파악하는 실용적 단계를 밟지 않는다면, 닿고자 하는 목표 지점이란 사실상 공상에 불과한 것입니다.

꿈은 구체적이 될 때 목적으로 바뀝니다. "천 리 길도 한 걸음부터"라는 동양 속담이 있습니다. 이 말도 오직 첫발을 올바른 방향으로 내딛는 경우에만 옳습니다. 현 위치를 알아야만 가능하다는 얘기지요.

여러분이 인생에서 원하는 것들을 떠올려보세요. 개인적 삶의 영역과 비즈니스 영역 모두에서요. 그런 다음, 오늘 여러분의 현 위치를 생각합니다. 가려는 곳이 어쩌면 여러분의 생각보다 가까이 있다는 걸 알게 될지도 모릅니다. 중요한 건 어떤 경우에도 첫발을 올바른 방향으로 내딛는 일입니다. 뜬구름 같던 꿈이 이제는 방향을 잡고 갈 수 있는 현실의 목적이 될 테니까요.

Today's the day!

좋은 습관과
나쁜 습관

Wisdom for Winners

지난 10여 년간 저는 초등학생과 중학생 수천 명과 소통하는 특별한 경험을 해왔습니다. 언론은 미국의 아동·청소년이 위험한 상태라고 진단합니다. '요즘 아이들'을 다루는 일이 만만한 과제가 아닌 건 맞습니다만, 그래도 저는 우리 아이들을 아주 인상적으로 보고 있습니다.

학생들과 만나면 저는 그들이 실제로 겪고 있는 중요한 문제들을 꺼내놓고 이야기하려고 합니다. 약물, 술, 불량한 친구, 부정적인 또래 압력, 따돌림 같은 것들이죠. 아이들은 "안 된다고 말해!Just Say No!"라는 말을 수없이 들었다고 해요. 전 영부인이었던 낸시 레이건Nancy Reagan 여사가 전면에 나서서 벌인 마약 반대 캠페인의 표어였죠.

레이건 여사의 좋은 의도를 폄훼할 생각은 눈곱만큼도 없습니다. 성과도 분명히 있었을 겁니다. 그럼에도 불구하고 "안 된다고 말해!"라는 말만으로는 안 된다는 현실도 인정해야 합니다. 미국 아이들이 과연 자신이 마약, 술 같은 걸 하면 안 된다는 사실을 몰라서 그러는 걸까요? 그들 스스로 "안 돼!"라고 말할 수밖에 없는 충분한 이유를 갖지 못했던 것입니다.

인간의 두뇌는 감정적, 정신적, 지적인 공백을 허용하지 않습니다. 나쁜 습관, 나쁜 생각은 오직 좋은 것으로 대체될 때에만 사라질 수 있다는 의미죠. 어느 도심 빈민가 학교에 가서 아이들에게 그저 "안 된다고 말해!"라고 설득하는 것은 효과적이지 않습니다. 제 표현으로 '꿈을 죽이는 약'을 멀리하는 것이 자신의 꿈과 목적과 야망을 이루는 일과 어떻게든 동일시될 때, 그들 스스로가 긍정적인 방식으로 삶을 살 이유를 가질 것입니다.

같은 원리가 우리 성인에게도 적용됩니다. 여러분과 제가 가진 개인적 목적이나 이번 생에서 반드시 달성해내겠다는 것들에 있어서, 성공 여부는 나쁜 습관을 좋은 습관으로 대체하느냐, 그렇지 않느냐에 달려 있습니다. 나쁜 습관에 대해서 단지 '안 돼!'라고 말하는 것으로는 안 될 겁니다. 그러나 좋은 습관이 나쁜 습관을 밀어내야만 성공할 수 있다는 생각이 마음에 굳게 자리를 잡는다면 불가능한 일은 없습니다.

여러분 자신의 꿈에 대해 'Yes'라고 말한다면 나쁜 습관은 알아서 사라질 겁니다. 미국의 많은 학생들에게 효과가 있다면 여러분과 저에게도 효과가 있을 테죠.

여러분의 성공을 보고 싶습니다.

Today's the day!

정상을 향해
걸어가는 길

— *Wisdom for Winners* —

요즘은 에베레스트 등반에 관한 책을 읽고 있습니다. 그렇게나 많은 사람이 세계의 정상이라는 지구에서 가장 높은 산에 오르려고 수년에 걸쳐 등반을 추진한다는 사실에 흥미를 느꼈습니다.

등반대의 이야기를 따라가는 동안에 저는 산을 오르고, 루트를 따라 베이스캠프를 하나씩 세우는 데 필요한 장비가 그렇게나 많은지 처음 알았고, 이때 들어가는 엄청난 시간과 노력과 준비 과정에도 놀랐습니다. 등반을 한 번 하려면 말 그대로 다년에 걸친 계획과 여러 달의 준비 과정을 거친 다음이야 등반 시도를 할 수 있습니다. 그런 다음, 날씨가 좋고 상황이 괜찮고 큰 사고도 없다면 등반대에서 소수의 대원이 정상을 향할 기회를 갖습니다. 등반대는 처음에 수십 명 규모로 꾸려지지만 마지막 날에 정상에 설 기회나마 가져보는 건 단지 몇 명에 불과합니다.

등반대 전체가 본인들 잘못이 아님에도 불구하고 정상의 그림자도 보지 못하고 집으로 돌아가는 경우가 흔하다고 합니다. 하지만 일이 잘 풀린다고 해도 수년을 계획하고 몇 달을 고생한 결과로 정상에 몇 분 서보는 게 고작이지요.

우리가 걷는 인생과 우리가 이루는 성공도 이것과 닮았습니다. 우리의 목적 혹은 목표가 무엇이든 간에, 그 성공을 즐기는 시간보다 그것을 좇느라 훨씬 더 많은 시간을 씁니다. 여정을 즐겨야만 하는 이유가 여기에 있습니다.

우리가 살아가는 방식을 들여다보면 어떻습니까? 우리는 목표 지점으로 가는 길에 놓인 어떤 이정표에서 다음 이정표로 옮겨가는 일이 전부인 것처럼 인생의 시간을 투자합니다. 이정표에 비유한 이러한 일들이 인생에 있어서 어떤 전환점이 되거나 중요한 사건인 것은 맞는데, 그것에 닿는 일이 삶의 전부는 아닙니다. 이정표는 그냥 지침일 뿐입니다. 내가 얼마나 왔는지, 목적지가 얼마나 남았는지 알려주는 것입니다. 우리의 삶이란 길을 따라서 걷는 여정인 것이고, 정상을 향한 등반입니다.

자신에게 필요하다고 믿는 어떤 '스펙'을 얻으려고 마치 고문처럼 삶을 견디는 사람들이 있습니다. 그런 모습을 보면 저는 참 슬픕니다. 여정을 즐기지 않는다면 어떤 목적지도 애써서 향할 가치가 없습니다. 길을 따라서 걷는 모든 단계를 즐긴다면 어느 날 정상에 섰을 때, 여러분의 그 순간은 그곳에 닿기 위해 지나온 멋진 경험을 되돌아보는 시간이 될 것입니다.

하루하루 등반을 즐기고, 그 전체의 나날을 투자해서 인생의 정상에 오르는 보람을 맛보세요.

Today's the day!

경로를 이탈하지 않고
진로 유지하기

누구에게나 그런 시간이 있습니다. 목적한 바대로 되지 않는 좌절감 때문에 어찌할 바를 모를 때요. 살다 보면 고속도로를 질주하는 것처럼 엑셀을 밟는 대로 성과가 나올 때도 있지만, 아무리 노력을 해도 제자리에 멈춰 있는 것 같은 날들도 있습니다. 이때야말로 진로를 유지한 채로 버티기에 들어갈 때입니다.

농부들은 씨를 뿌리고 나면 몇 주간은 감감무소식이다가 난데없이 싹들이 흙을 뚫고 머리를 내민다는 것을 알고 있습니다. 이때 농부의 희망도 자라나죠. 선원들도 압니다. 수평선을 수일간 뚫어져라 응시하지만 사방이 바다뿐이죠. 그러다가 거짓말처럼 멀리 육지가 보이고 목적지가 떡하니 나타납니다.

비슷한 딜레마를 개개인이 일상에서 겪으며 살 것입니다. 하지만 농부는 작년에 싹이 났음을 알기에 올해도 기다릴 수 있고, 선원도 초행이 아니기에 항해가 끝날 것임을 압니다. 그와 달리, 여러분과 저에게는 그렇게 마음을 놓을 믿음의 근거가 없습니다.

우리가 아는 유일한 경로라고는 시작점과 도착점이 전부입니다. 경로 안내도 없습니다. "목적지까지 절반 남았습니다. 이대로 진행하십시오." 뭐, 이런 것 말입니다. 그럼에도 불구하고 우리가 삶의 목적지를 향해 갈 때 벌어지는 멋진 일이 있습니다. 성과가 더디게 보이거나 아예 나타나지 않아도 여러분의 노력은 보이지 않는 곳에서 열심히, 성공을 향한 비약적 도약을 준비하고 있다는 겁니다.

결과가 신통치 않아도 계속 노력을 했던 시간들, 살면서 그런 경험도 꽤 있지 않나요? 그렇게 버티고 있다 보면 어찌어찌 귀인을 만나기도 하고, 부족한 부분이 채워지기도 하고, 애타게 찾던 지름길을 발견하기도 합니다. 마법과도 같은 이런 순간은 여러분이 진로를 유지하고 있을 때에만 만날 수 있습니다.

성공은 여러분이 생각하는 것보다 가까이 있습니다. 목적지가 수백만 킬로미터 떨어진 것처럼 보이는 날이 있더라도 경로를 이탈하지 않고 진행하면 결국에는 목적지에 도달할 겁니다. 씨앗을 파종한 농부나 항해를 시작한 선원처럼 말이죠. 그들에게도, 저나 여러분에게도 쓸데없는 날은 단 하루도 없습니다. 하루하루가 모두 더해져서 성공의 여정이 완성됩니다.

여러분이 오늘 하루에 한 일은, 그 성과를 바로 인지하든 못 하든 간에 목적지에 하루 더 빨리 데려다준다는 사실을 잊지 마세요. 믿음을 잃지 않는 것도 성공의 과정에서 꼭 필요한 조건입니다.

Today's the day!

비포장도로에서
고속도로로 진입하려면

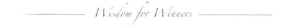

한 걸음 발을 내디딜 곳조차 없다고 하소연하는 사람이 많습니다. 본인의 지금 위치에서 원하는 곳으로 사회적 이동을 할 수 없다는 느낌에 힘들어하는 거죠. 지금의 도로를 계속 달려봤자 나의 목적과 꿈이 실현되지 못할 거라는 우울한 생각이 들기도 합니다.

우선은 안심하라고 말해주고 싶습니다. 모든 길은 통하기 마련이니까요. 당장은 그렇지 않다고 느껴도 그 감정이 현실은 아닙니다. 여러분 집 앞의 도로가 남의 집 앞 도로보다 훨씬 더 안 좋다고 생각할 수도 있습니다. 포장도 안 되어 있고 가파르고 험하다고요. 자신이 피부색, 성별, 국적, 종교 등에서 불리하게 태어났다고 느낄 수도 있습니다. 아니면 여러분이 가진 약점이나 장애 같은 조건 때문에 길이 꼬이고 막힌 기분일 겁니다. 충분히 힘든 상황인 건 맞습니다. 그런데 바로 그 똑같은 길을 가서 자기 삶의 궁극적 운명에 도달한 사람이 없느냐 하면, 그건 또 아닙니다. 오해하지 말기 바랍니다. 쉽다는 뜻이 아닙니다. 가능하다는 말을 하고 싶은 겁니다.

256

어떤 이는 자신의 약점을 핑계로 이용하고, 다른 이는 그것을 도약의 발판으로 활용합니다. 단점이나 약점을 벌충하려면 아주 끈질겨야 할 겁니다. 그 끈질긴 태도가 역경을 겪어보지 못한 사람에게는 없는 정신적 강인함을 갖게 해줍니다.

여러분의 현재 상황에 대해서는 십중팔구 불만족스러울 겁니다. 그래도 감사한 마음을 가져야 한다는, 뭐 그런 말을 하려는 건 아닙니다. 좋은 사람들도 안 좋은 상황에 빠지곤 합니다. 여러분에게 벌어지는 일은 선택할 수 없습니다. 하지만 거기에 어떻게 대처할 것인가 하는 문제에 있어서는 항상 선택지를 갖습니다. 이 점을 여러분이 꼭 알았으면 합니다. 우리는 매일 결정을 내립니다. 내가 달리는 도로에 대해서 불평만 할 것이냐, 아니면 일단 그 도로를 타고 다른 도로와 만나는 교차로까지 간 다음에, 고속도로로 진입해서 내가 원하는 곳으로 갈 것이냐를 말입니다.

비포장도로를 힘들게 주행해본 사람은 일단 고속도로에 진입하면 그 길이 얼마나 좋은지 알기 때문에 드라이브를 즐기고 경험을 극대화할 수 있습니다. 이러한 말이라도 위안이 되었으면 합니다. 오늘 주차장에서 여러분의 차를 빼서 도로로 나갈 때, 그 도로가 여러분을 가고 싶은 곳으로 데려다줄 수 있다는 사실을 한번 떠올려보길 바랍니다.

Today's the day!

꿈에 하루 더 가까이
다가가는 법

Wisdom for Winners

인생이 두 번인 사람은 없습니다. 연습 경기 없이 바로 치르는 본 게임이 인생입니다. 그것도 월드시리즈, 올림픽, 슈퍼볼을 몽땅 합친 엄청난 대회 같은 것입니다. 그 흥분, 그 열기를 어쩔 건가요. 인생을 사는데 그런 기분이 들지 않는다면 새로운 일을 찾거나 새로운 태도를 가져야 할 것입니다.

너의 꿈대로 살라는 말을 많이 합니다. 성공의 아주 중요한 부분이죠. 그런데 사람들은 인생 계획을 세우는 것보다 사흘 연휴 계획을 짜는 데 더 많은 시간을 씁니다. 시간을 내서 진지한 질문을 자신에게 던지고 삶의 지도를 그려본 사람은 극소수에 불과합니다. 이런 말도 있죠.

"실패하려고 계획하지 않는다. 계획하는 데 실패할 뿐이다."

이처럼 무계획 인생이면 꿈을 이루지 못하는 일도 없겠지만, 반대로 꿈만 꾸다가 인생을 허비하는 함정에 빠지지 않는 것도 중요합니다. 머릿속에서는 지구 정복이라도 할 것 같은 꿈을 꾸고 다 계획이 있지만 그중 무엇 하나도 실행에 옮기지 않는 사람이 있습니다. 그런 사람들을 만나본 경험이 다 있을 겁니다. 항상 말로만 어떤 일을 할 예정입니다. 꿈만 꾸고 있으면 행동할 때와는 달리 비용을 치르지 않아도 되니까 그러는 겁니다. 현실에서 발을 떼고 마치 가상 게임 같은 인생을 사는 거죠.

성공의 길을 걷기 시작할 호기랄까, 내 꿈을 이룰 적기 같은 시간은 아무리 기다려도 오지 않습니다. 편리한 핑계는 항상 있을 것입니다. 조지 패튼George Patten 장군의 명언이 있습니다.

"오늘 거칠게 밀어붙인 좋은 계획이 다음 주의 완벽한 계획보다 낫다."

미래를 꿈꾸는 데 너무 많은 시간을 보내는 것과 오늘의 현실을 살아가는 데 너무 많은 시간을 쓰는 일, 그 사이의 미묘한 균형을 반드시 찾아야 합니다.

여러분이 가진 꿈이나 목적은 어떤 이유가 있기에 마음에 심어진 것입니다. 여러분 자신의 목적을 향해서 매일 나아가야 합니다. 여기서 어떻게 거기로 갈지, 아마도 세세한 경로는 모를 겁니다. 하지만 성공을 위해 매일 더 배우고, 사람을 사귀고, 준비하고 있을 기회를 여러분 자신에게 주세요. 그 매일매일이 여러분을 꿈으로부터 하루 더 가깝게 해줄 테니까요.

Today's the day!

미래에 대한
투자

제가 쓴 책과 칼럼과 강연 덕분에 대단히 많은 사람들이 자기 삶의 주인이 되려고 애쓰고 있다는 소식을 들었습니다. 그 사람들 이야기를 들으면서 저는 장기적인 계획과 단기적인 활동 간에는 거대한 간극이 있다는 사실을 알게 되었습니다. 많은 사람이 제 세미나에 오거나 제가 쓴 글을 읽습니다. 거기서 삶의 목표를 세우는 방법을 배우기 위해서죠. 일단 그것은 매우 가치 있는 추구라고 할 수 있어요. 하지만 즉시 해야 하는 일이나 단기적인 활동이 장기적 목표와 호응하지 않는다면 큰 문제입니다.

우리는 장기적인 목적을 머릿속에서 다른 일상적인 일들과 영역을 구분해서 관리하는 경우가 많습니다. 크리스마스카드 발송 명단과 비슷합니다. 명단은 1년에 한 번만 꺼내서 뺄 사람 빼고 더할 사람 더해서 카드를 보내고 나면 이듬해까지 마음에서, 아니 실제로도 치워둡니다.

비서가 한 명 있어서 매일 여러분의 활동을 검토하고 삶의 우선순위를 판별해준다면야 정말 좋겠지요. 네, 압니다. 개도 산책시켜야 하고, 엔진오일도 갈아야 합니다. 하지만 매일매일, 적어도 어떤 시간에는 삶의 목적을 좇고 있어야 합니다.

최근에 만난 한 남자가 떠오르네요. 3년쯤 전에도 제 강연에 와서 책에 사인을 받아간 사람이었어요. 그때 제게 한 말이, 캐나다에서 캘리포니아로 이사를 해서 일생의 과업인 학문 연구를 하고 싶다는 것이었죠. 그리고 3년 뒤에 다시 만났는데 그때 강연장 무대 뒤에서 나누었던 짧은 대화가 기억이 났습니다.

3년이란 세월이 흘렀지만 안타깝게도 그는 전보다 자신의 목표에 조금도 가까이 가지 않았습니다. 나쁜 징후였습니다. 왜냐하면 그의 삶의 목적이 미래 어딘가에 멀리 있어서 오늘 꼭 다루지 않아도 된다는 사실을 재확인한 것이니까요.

여러분이 인생의 목적으로 삼고 있는 것이 있다면, 반드시 매일 그것과 관련한 어떤 일을 해야 합니다. 마지막 결과를 얻기에 앞서서 항상 배울 것과 만날 사람이 있고, 미리미리 어떤 준비도 해둘 수 있습니다. 미래에 대한 투자는 하루도 게을리하지 말길 바랍니다.

Today's the day!

영웅은 특별한
사람이 아니다

Wisdom for Winners

뉴욕 양키스의 레전드 조 디마지오 Joe DiMaggio 선수는 1999년 유명을 달리하였습니다. 고인의 삶을 다룬 보도와 특집 방송들을 듣자니, 프로그램 도입부를 제외하고는 야구 선수라는 단어는 거의 들리지 않고, 그를 위대한 미국인이자 품격 있는 개인으로, 명예롭고 진실한 사람으로 회고하더군요.

저 역시도 그가 특출한 활약을 펼친 야구 선수이기 이전에 진정위대한 인물이었다고 생각합니다. 야구 선수 경력 때문에 세상이그의 위대함을 알아보았지만, 디마지오의 경기를 단 한 게임도 보지 못한 이후 여러 세대도 그의 이름을 알고 있으며 앞으로도 기억할 것입니다. 그는 야구를 넘어선 전설입니다.

한 조사에서 1950년대와 1960년대, 1970년대, 1980년대, 1990년대에 십 대 시절을 보낸 사람들에게 그들이 생각하는 영웅이 누구인지 물었습니다. 1950년대에 십 대였던 이들의 영웅 목록은 길고 인상적이었지요. 1960년대를 대변하는 이들도 숫자가 그보다 적기는 하지만 여전히 감탄할 만한 이름들을 막힘없이 써냈고요. 1970년대에 십 대를 보낸 경우는 영웅으로 여기는 인물이 몇 명 없었습니다. 하지만 1980년대와 1990년대에 십 대였던 이들의 대답을 듣고는 참 심란했습니다. 자신의 영웅을 사실상 단 한 명도 꼽지 못했기 때문입니다.

이처럼 영웅이 줄어든 데에는 아마도 여러 가지 사회경제적 요인과 미디어의 영향이 있을 겁니다. 제가 말하고 싶은 요점은 이렇습니다. 영웅은 특별한 사람이 아닙니다. 특별한 방식으로 스스로 행동한 평범한 이들입니다.

영화 〈라이언 일병 구하기〉를 본 사람들이라면 디데이에 프랑스를 해방하기 위해 상륙 작전을 감행한 병사들을 영웅이라 부르지 않을 수 없을 겁니다. 이처럼 대단한 위업을 완수한 이들이 다름 아니라 자신이 미국인임을 자랑스러워하고, 싸우고 희생할 가치가 있는 대상을 찾은 평범한 청년들이었다는 사실이 흥미롭죠.

록 스타나 운동선수만이 영웅은 아닙니다. 맡은 일을 한 번에 제대로 해내고자 노력하는 우편배달원, 다음 세대의 미래가 내 손에 달려 있다는 생각으로 열심히 수업 준비를 하는 교사도 영웅입니다. 조 디마지오의 삶을 본보기 삼아 우리도 일상의 작은 과업에서 위대함을 찾으려는 노력을 나날이 이어가면 좋겠습니다.

디마지오를 기리는 말들을 듣다가 야구팀 동료였던 요기 베라 Yogi Berra가 그를 언급한 동영상 하나를 접했습니다. 요기 베라는 어처구니없는 말실수로 유명한 인물입니다. 그런데 이번에는 제대로 말한 것 같더라고요.

"경기장 안이든 밖이든 디마지오가 실수하는 것을 보지 못했어요. 무엇을 했든, 결판이 어떻게 났든 디마지오는 항상 최선을 다했다는 걸 믿으셔도 됩니다."

여러분에게도 언제나 이런 평가가 함께하기 바랍니다.

Today's the day!

팔방미인이
밥을 굶는다

Wisdom for Winners

단 하나의 일을 하지만 그 일을 잘하는 사람에게 사회는 후한 보상을 합니다. 잘하는 그 일이 몹시 의미가 있는 일일 필요는 없습니다. 예를 들어 오늘도 뉴스는 골프 선수 타이거 우즈나 야구 선수 마크 맥과이어Mark McGuire의 명성, 성공, 악명 같은 화제로 도배가 되지만 전 지구적 관점에서 보면 골프나 야구 경기야 뭐 이래도 그만 저래도 그만이 아니겠습니까? 어쨌든 이런 경우 관건은 그들이 경기를 얼마나 잘하느냐 하는 것입니다.

작가이자 방송인인 저는 스포츠, 정치, 영화, 방송 등의 분야에서 뛰어난 인물들을 인터뷰하고 이야기를 나누는 특권을 누려왔습니다. 이들 상당수가 자신이 이름을 떨친 그 일을 제외하면 다른 기술이나 재능은 하나도 없습니다. 우리 사회에서 가장 성공한 사람들 가운데 스스로 돈 관리를 못하는 사람, 마트에서 장을 못 보는 사람, 운전을 할 줄 모르는 사람이 적지 않다는 사실을 알면 아마도 충격을 받을 겁니다. 단 하나의 일에 너무나 우수한 나머지 일상의 잡일이 삶을 침범해오면 떨쳐내버리는 거죠.

맥도날드는 세계에서 가장 유명하고 성공한 패스트푸드 체인입니다. 맥도날드에 가면 아침, 점심, 저녁을 먹고, 샐러드, 건강식, 정크푸드 뭐라도 다 먹을 수 있습니다. 하지만 맥도날드는 처음에 문을 열고서 여러 해를 오직 한 종류의 햄버거와 감자튀김, 음료만 팔았습니다. 다변화를 꾀하기 전에 기본부터 튼튼히 한 것입니다. 맥도날드의 성공은 아마도 음식 자체보다 배달과 마케팅 방식 때문이라고 대부분의 사람은 생각할 것입니다. 여기서 우리가 배울 핵심은, 하나의 일을 아주 잘한 다음에 그 성공을 토대로 미래의 또 다른 성공을 도모할 때 인생의 보상이 있다는 것입니다.

팔방미인이 밥을 굶는다는 속담이 있습니다. 여러 가지 일을 적당한 수준에서 두루 잘하지만 정작 뛰어나게 잘하는 일은 하나도 없다는 뜻입니다. 이런 부류의 사람이 주변에 있으면 편하기는 하지만, 정작 본인은 어느 분야에서도 결코 이름을 날리지 못할 겁니다. 하나의 특정 영역에서 집중력과 탁월함이 부족하기 때문입니다.

하나의 일로 본인을 증명할 수 있도록 정진하고, 그 일을 정말 잘해내기를 바랍니다. 거기서부터 성공을 일구면 됩니다.

Today's the day!

열정이라는
성공 열쇠

Wisdom for Winners

NTN 방송국을 운영하면서 좋은 점 하나는 여러 유명인을 인터뷰하는 특권을 누린다는 것입니다. 스포츠, 정치, 방송, 영화 등의 분야에서 최정상에 있는 명사들이죠. 그들로부터 많은 교훈을 얻을 수 있습니다. 첫 인터뷰 상대는 바로 유명 영화배우 캐서린 헵번 Katharine Hepburn이었습니다. 처음의 긴장을 이겨내고 이야기를 나누자 그녀가 왜 그토록 큰 성공을 거둘 수밖에 없었는지 이해가 되었습니다.

제가 유명인 인터뷰를 할 때 빠트리지 않고 하는 질문 가운데 이런 게 있습니다.

"지금의 당신을 있게 한 이 일을 만약에 하지 않았다면 어떤 일을 하면서 살았을 거라고 생각합니까?"

캐서린 헵번은 망설이지 않고 말했죠.

"이런! '배우가 안 되었다면'이라니요. 그런 생각은 해본 적도 없어요. 제 열정을 따르며 사는데 돈을 주니까, 게다가 많이 주니까 운이 좋긴 해요. 만약에 그렇지 않다면 지의 이런 배우 기질을 뒷받침할 다른 수단을 찾아야 했겠죠."

멋진 대답이었습니다. 캐서린 헵번의 성공 열쇠가 이것입니다. 더 중요한 점은 이 명민한 통찰이 우리 모두의 성공 열쇠이기도 한 것입니다. 어떤 분야에서든 정상에 오르려면 일을 오랫동안, 그리고 열심히 해야만 합니다. 흥미로운 지점은 이것입니다. 만약에 여러분이 자신의 열정을 좇고 있다면 힘든 일을 오래해도 그것이 전혀 일처럼 느껴지지 않는다는 사실입니다. 예전에 할리우드 스타인 조지 번스George Burns도 이런 말을 남겼습니다.

"자기 일을 즐기며 사는 사람은 평생 동안 하루도 일을 하지 않는 셈이다."

성공을 향하는 길에서 지금 엉뚱한 지점에 있다고 느낀다면 여러분이 얼마나 열심히 일하고 있는지, 여러분이 무슨 일을 하고 있는지도 따져볼 필요가 있습니다. 캐서린 헵번이나 조지 번스의 열정 같은 게 여러분에게 없다면 아마도 새로운 방향을 모색할 시간일 수도 있겠네요.

> 성공을 향하는 길에서 지금 엉뚱한 지점에 있다고 느낀다면
> 여러분이 얼마나 열심히 일하고 있는지,
> 여러분이 무슨 일을 하고 있는지 따져볼 필요가 있습니다.

동기 부여 전문 강사들이 목에 핏대를 세우면서 이런 말을 하곤 합니다.

"여러분, 성공하고 싶다면 감내해야 합니다!"

저는 이 말에 고개를 갸웃합니다. 열정을 따르는 이에게 성공으로 가는 길은 감내가 아니라 즐기는 것이라고 저는 믿습니다. 열정을 좇지 않으면 실패를 감내해야겠지만요. 결론을 말하겠습니다. 무엇을 좇느냐가 어떻게 좇느냐보다 더 중요합니다.

Today's the day!

성공을 끌어당기는
마법의 카드

Wisdom for Winners

바로 지난주의 일입니다. 라디오 뉴스를 듣고 있었습니다. 말도 안되는 통계가 들렸어요. 통계 수치가 어찌나 충격적이던지 처음에는 제 귀를 의심했습니다. 그래서 30분 뒤에 다시 나오는 똑같은 뉴스를 한 번 더 들었습니다. 아나운서가 말하더군요.

"미국에서 도서관 회원 카드를 가진 사람은 전체 인구의 5퍼센트 미만이며, 도서관 카드를 실제로 사용하는 인구는 사용 빈도에 관계없이 1퍼센트도 안 되는 것으로 집계되었습니다."

시각장애인인 저는 지금 이 책을 읽고 있는 여러분처럼 제 눈으로 직접 책을 읽던 때를 떠올리곤 합니다. 부끄러운 얘기지만 그 시절에 저는 읽을 수 있다는 특권을 당연하게 여겼습니다. 앞표지부터 뒤표지까지 완독한 책이 한 권이나 있기는 한지 모르겠어요. 이제 저는 오디오북과 고속 녹음기로 매일 책을 듣습니다. 이러한 습관이 말 그대로 제 인생을 바꾸었습니다.

현명한 누군가는 이런 말을 했습니다.

"5년 뒤의 나를 결정하는 것은 그동안 내가 만나온 사람과 읽어온 책들이다."

그때는 이 말이 다소 과장되었다고 느꼈습니다. 이제는 오히려 과소평가라고 믿습니다.

지식은 삶에서 원하는 모든 것을 얻는 열쇠입니다. 이런 말이 있습니다. 세상에 있는 돈을 모두 모아서 모두에게 똑같이 나눠줘도 돈은 몇 년 지나지 않아 오늘 부자인 사람에게로 다시 돌아갈 거라고요. 경제 용어로 표현하면 부자는 더 부자가 되고 가난한 사람은 더 가난해진다는 거죠.

하지만 돈이 열쇠가 아니라는 점을 분명히 알아야 합니다. 열쇠는 지식입니다. 특정한 금융 지식을 획득한 사람 앞에 돈이 쌓이는 것과 마찬가지로, 여러분이 삶에서 원하는 것이 무엇이든 지식은 그것들을 여러분 주변으로 끌어당겨줄 것입니다.

우리에게 필요한 지식은 집 근처 공공도서관에 거의 다 있습니다. 누구라도 지식을 쌓으면 삶의 목적에 닿는 길이 열립니다. 그럼에도 불구하고 무지한 삶을 살아가는 사람들은 변명의 여지가 없습니다. 이런 말을 들어보았을 겁니다.

"무엇을 아느냐가 아니라 누구를 아느냐가 중요하다."

현실에서는 둘 다 중요합니다. 성공의 비결은 무엇을 아느냐, 그리고 누구를 아느냐, 이 둘로 요약됩니다.

위대한 역사적 인물들이 여러분과 소통하고, 또 인생에서 무엇을 원하든 그것을 얻을 수 있는 비밀을 알려주려고 기다리고 있습니다. 그들의 말, 생각, 조언이 공공도서관 책장에 꽂혀 있습니다.

매일 조금이리도 성장히려고 노력헤보세요.

어린이 도서관에 가면 이런 말이 쓰여 있습니다.

"책을 많이 읽으면 키가 커져요."

네, 그렇답니다.

Today's the day!

평범한 세상에서
비범한 하루를 살다

Wisdom for Winners

월등한 사람이 되려고 애써야 한다고들 합니다. 두드러진 성취는 명예롭다고도 하죠. 하지만 평균 수준을 잘 맞추는 사람에게 보상이 따르는 것도 흔한 현실입니다. 어린아이 시절부터 대세에 순응하라거나 모난 돌이 정 맞는다는 얘기를 듣습니다. "너무 튀지 않게 옷을 입어라.", "머리도 남들처럼 잘라라." 같은 압력이 가해지는 동안 우리는 두드러지는 대신에 평범하거나 평균이 되어야 한다고 배웁니다.

남들보다 월등히 뛰어난 인물을 역사에서 찾아보면 토머스 에디슨, 벤저민 프랭클린, 토머스 제퍼슨 같은 이름이 나올 것입니다. 모두가 괴짜에 별난 사람들이었습니다. 어떤 면모를 보든지 평범함과는 거리가 멀었다고 말할 수밖에 없습니다.

비범한 결과를 원하면서 일상에서는 평범한 행동을 요구받는 모순, 이러한 현실에 우리는 살고 있습니다. 지그문트 프로이트는 정신이상insanity이란 똑같은 일을 하면서 다른 결과를 기대하는 상태라고 했습니다. 대부분의 사람은 최고가 되려고 애쓴다는 말을 할 겁니다. 평균 이상의 특별한 목적을 좇는다고요. 하지만 최종 결과를 얻는 데 있어서 훨씬 더 중요한 것은 매일 꾸준히 성과를 내는 것입니다. 하루하루, 매시간, 매분을 남들보다 훌륭히 채우며 살 수 있을 때 인생에서 훌륭한 성취를 이뤘다고 돌아볼 수도 있습니다. 두드러진 삶이란 결국 평범하지 않게 살아낸 매일매일을 마치 실로 꿴 것처럼 이어놓은 결과물입니다. 우리는 남의 시선을 의식하느라고 시간 낭비를 많이 합니다. 현실에서 유의미한 유일한 선택지는 나 자신에 대해 가지는 생각뿐입니다.

에디슨과 프랭클린, 제퍼슨 주변에서 꾸준하게 그들을 비웃고 조롱한 사람들이 있었을 것이라고 저는 꽤 확신합니다. 동시에 이들이 그런 것은 신경도 쓰지 않았을 것이라고도 믿습니다. 자신이 평범하지 않다는 걸 과연 알기나 했을까요.

여러분이 원하는 것을 갖고 있지 않은 사람의 의견은 절대로 구할 필요가 없습니다. 그들의 비판도 귀담아들을 필요 없습니다. 여러분보다 앞서서 목표를 성취한 멘토나 동료의 조언을 구해야 합니다. 이야기를 나누며 상담하고, 고칠 것은 고치는 것이죠. 그들의 성과를 여러분의 척도로 삼으십시오. 여러분의 성과도 그들의 감탄할 만한 성과와 견주어 부끄럽지 않을 만큼은 되어야 합니다. 평범한 세상을 살면서 비범한 나날을 보내려고 애쓰세요. 사자성어로 '군계일학', 그렇게 어려운 일이 아닙니다.

Today's the day!

거인의 어깨 위에서
바라보는 미래

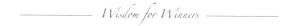

우리가 사는 이 시대는 모순으로 가득합니다. 발전했다는 게 꼭 더 나아졌다, 진보했다는 뜻은 아닙니다. 21세기에 이르러 사람들은 무척이나 바쁘게 살면서도 시간은 과거 그 어느 때보다도 부족합니다. 배는 부른데 영양은 부실하고, 학력은 높지만 상식적이지는 않습니다. 이전 세대에 비해서 돈은 풍족한데 가치는 어디로 갔나요? 수많은 정보를 클릭 한 번으로 얻을 수 있지만 머릿속은 계속 혼란스럽습니다. 급하게 서두르는데 멀리 뒤처집니다. 선택지는 사실상 무수하지만 개중에 좋은 선택은 잘 보이지 않습니다. 지인만 많고 친구는 없습니다. 법률은 수없이 제정이 되는데 질서는 점점 사라집니다. 빠르게 연결만 되고 진정한 소통은 없습니다.

세계는 점점 가까워지고 있지만 사람들 사이의 거리는 계속 멀어져 가고 있습니다. 인간의 수명은 늘었는데 삶의 질은 썩 좋다고 할 수 없습니다. 모든 게 일회용이고, 영속하는 건 찾기 힘듭니다. 역사의 교훈을 배우지 못하고 역사의 실패를 되풀이합니다. 과학의 비밀은 밝혔는데, 거기에 따른 책임은 배우지 않았습니다. 번영의 공식은 알아냈지만 그것이 풍요로운 삶을 사는 방법은 아닙니다.

이전 세대에 비해서 돈은 풍족한데 가치는 어디로 갔나요?

내면의 아름다움을 채우는 방법은 모르고 외모만 내세웁니다. 발언의 자유를 구실로 할 말 못 할 말 다 하며 인간성을 피폐하게 만듭니다. 신조어는 차곡차곡 쌓이는데 할 말은 더 없습니다. 과거의 거장을 연구만 할 뿐 스스로 거장이 되려고 하지는 않습니다. 유명인을 영웅으로 만들었다가 순식간에 쓰레기로 매도하는 것이 요즘 사람들의 심심풀이입니다. 다양성, 관용, 포용에 대한 외침은 사람들 사이로 퍼지지 못해 공허합니다. 젊음을 찬양하면서 모두에게 경험을 요구합니다.

그러나 21세기를 살아가는 우리는 새롭고 더 나은 내일을 맞이할 수 있습니다. 미래에 대한 이러한 전망은 우리가 역사라는 거인의 어깨에 서 있기에 보이는 것이라는 사실을 잊지 말아야 합니다. 역사의 위인들이 그들의 삶과 말로 후대에 교훈을 남겼습니다. 그 교훈을 배운다면 미래는 역사의 어느 때보다 밝을 것입니다. 교훈을 배우지 않는다면 과거의 반목과 갈등을 어쩔 수 없이 반복할 뿐이고요. 21세기의 성공 열쇠는 최신의 첨단 기술을 오랜 시간의 시험을 견뎌온 태초의 원리와 잘 결합하는 데 있다고 생각합니다.

Today's the day!

미뤄둔 삶의 숙제를
모두 끄집어내라

Wisdom for Winners

"어, 나도 그게 항상 하고 싶었어."

예를 들어 여행 같은 즐거운 경험을 방금 하고 온 사람과 대화를 할 때면 누군가 이렇게 맞장구치는 소리를 합니다. 여러분이 이렇게 대꾸할 때도 있겠죠?

'아, 나도 이건 꼭 하고 싶다.'

이렇게 생각해온 것을 전부 떠올려보기 바랍니다. 학창 시절 친구를 찾는 일일 수도 있고, 해외여행일 수도 있고, 아니면 여러분이 사는 도시의 박물관에 가거나 공연을 관람하는 것처럼 단순한 일일 수도 있습니다.

제가 사는 도시에 극장식 식당이 하나 있습니다. 수십 년간 오픈런open run으로 같은 공연을 하고 있습니다. 누군가 그곳을 화제에 올리면 반응은 둘 중 하나로 나옵니다. "난 가봤어." "항상 가보고 싶었어." 이렇게요. 사람들은 일과 관련한 계획은 대체로 잘 세우는 편입니다. 다이어리 같은 데 일정을 적고 거기에 맞춰서 실행에 옮깁

277

니다. 그런데 한 번쯤 생각해볼 질문이 있습니다. 생계를 꾸려갈 계획 말고 삶을 제대로 누리기 위한 계획은 가지고 있느냐는 거죠. 우리가 업무 계획을 짜는 이유는, 일정에 들어가 있지 않은 일은 완수는 고사하고 시작조차 하지 않는다는 사실을 잘 알기 때문입니다. 사적인 일도 똑같습니다. 휴가를 계획하지 않으면, 여가 활동을 계획하지 않으면, 문화생활과 자기계발 시간을 따로 빼두지 않는다면 그것은 내년으로, 후년으로 계속 미뤄질 것입니다.

지난 5년이나 10년, 심지어 더 오랫동안 묵혀두었던 여러분의 삶의 숙제를 모두 끄집어내보세요. 이러한 것을 생각하는 행위 자체가 자신에게 보내는 무의식적인 신호입니다. 이번 생에서 원하는 것을 아직 다 이루지 않았다고요? 여러분에게 이렇게 권합니다. 적어도 생계를 꾸릴 방법을 고민하는 만큼 인생을 어떻게 살 것인지에 대해서도 진지하게 생각해보세요. 항상 하려고 했지만 지금까지 미뤄둔 것들의 목록을 만들어보기 바랍니다. 그 목록은 분명히, 그리고 아마도 아주 길고 또 결코 완성되지 않을 겁니다. 목록에 계속해서 새로운 것이 추가가 될 테니까요.

인생의 목록은 일주일에 한 번이나 적어도 한 달에 한 번은 점검해야 합니다. 그때마다 한두 개 정도를 빼서 실제 일정에 넣어보세요. 삶의 질이 크게 향상된 것을 느낄 겁니다. 그뿐인가요. 여러분의 인생에서 중요한 것을 즐길 시간이 생길 것입니다.

Today's the day!

내 삶을 위한
쇼핑 목록

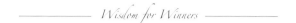

우리는 바쁜 현대사회를 종종걸음으로 살아가며 딜레마에 자주 직면합니다. 해야 할 일이 너무 많아 하루 스물네 시간이 모자란 것이죠. 그래서 가능한 한 많은 일을 해내려고 다양한 보조 장비의 도움을 받습니다. 멋들어진 다이어리가 있고, 할 일 목록과 우선순위표, 하루하루 일정을 체크하는 스케줄러까지 있죠. 이밖에도 정말로 많은 도구가 눈앞에 닥친 문제와 우선순위 사이에서 매일 겪는 고충을 해결하는 데 나름대로 도움을 줍니다. 그런데 짚고 넘어가지 않을 수 없는 훨씬 중요한 문제가 하나 있습니다. 인생 단위의 우선순위표를 마련해놓고 있느냐는 것입니다.

> 우선순위가 확실하게 정립되지 않은 사람은
> 우선순위를 가진 이들의 손안에서 놀아나게 됩니다.

마트나 시장에 장을 보러갈 때는 쇼핑 목록을 꼭 챙깁니다. 사야 할 것을 빼먹고 돌아오면 안 되니까요. 하지만 삶을 위한 쇼핑 목록을 갖고 있는 사람은 찾아보기 힘듭니다. 오늘이나 내일, 이번 주에 끝내야 할 일은 모두가 알고 있지만 앞으로의 삶을 위한 우선순위에 관해서 생각할 시간은 내지 않아왔던 것이죠.

그날그날의 일정표에 적힌 과업을 모두 완수할 수 있더라도, 인생 단위의 우선순위를 체계적으로 염두에 두고 있지 않다면 이 세상에서 정말로 차이를 만드는 일에는 성공하지 못할 겁니다. 인생 전반에 걸친 장기적 우선순위 계획이 있다는 것은, 달리 말하면 여러분 자신의 하루 일정을 통제할 수 있다는 뜻입니다. 왜냐하면 하루의 모든 활동을, 그것이 인생이라는 상위 우선순위에 어떤 영향을 미치느냐의 관점에서 판단할 수 있기 때문입니다.

우선순위가 확실하게 정립되지 않은 사람은, 안타깝지만 우선순위를 가진 이들의 손안에서 놀아나게 됩니다. 여러분은 온종일 누군가로부터 다양한 업무나 임무를 요청받거나 어떤 기여를 해달라는 부탁을 받습니다. 그것은 아마도 그 자체로 가치가 있는 일일 것입니다. 하지만 그것은 여러분 자신의 우선순위가 아니라 다른 사람 인생의 우선순위이잖아요. 여러분 자신의 우선순위를 확실하게 정하지 않는다면 자신이 가야 할 길을 바로 가지 못하고 남의 목적지에 먼저 들르면서 돌아가기 쉽습니다.

내 삶을 위한 쇼핑 목록이 없는 분에게, 저는 하루 일정 중에 어떻게든 시간을 내어 자기 앞에 놓인 모든 가능성을 살펴봐야 한다고 말하고 싶습니다. 인생은 무한한 선택지를 펼쳐놓습니다. 여기에는 맞는 답도, 틀린 답도 없습니다. 유일한 실수는 선택하지 않는 것입니다. 내가 어디로 가고 있는지 모르겠다면, 그곳에 도착한들 어떻게 알 수 있겠습니까? 선택을 하지 않는 사람은 선택의 여지가 없는 사람보다 더 나을 게 없습니다.

우리들 모두가 바쁜 인생을 살다가 인생의 어떤 결론을 맞이하게 될 것입니다. 운명의 향방을 결정짓는 일에 하루 활동의 일부를 투자하지 않을 까닭이 없는 이유입니다.

Today's the day!

성공 확률을 높이는 단순한 방법

얼마 전에 아버지와 낚시를 하면서 오후를 보냈습니다. 여러분도 꼭 그런 시간을 가져보면 좋겠습니다. 저는 자라면서 아버지와 낚시를 다닐 기회가 많았습니다. 이제는 함께 밖으로 나가는 일이 1년에 한두 번 될까 말까 합니다. 물고기야 잡아도 그만, 안 잡아도 그만입니다. 야외에서 함께 시간을 보내는 일이 중요한 것입니다.

낚시는 그냥 핑계입니다. 사랑하고 존경하는 상대와 밖에서 오후를 즐기는 것이 목적입니다. 낚시가 어쩐지 그런 일을 말이 되게 만들어주니까요. 평일 오후에 일을 제치고 호숫가에서 담소를 나누고 있다면, '뭐지? 저 사람들 백수인가?' 싶을 겁니다. 하지만 낚싯대를 들고 서 있으면 다르지요. 훈훈하고 그럴듯한 그림이 됩니다.

이번 낚시에서 아버지와 저는 같은 장비를 사용했고, 같은 자리에서 낚시를 했습니다. 그런데 아버지가 저보다 물고기를 꾸준하게 더 많이 낚아 올리는 것입니다. 저는 섭섭한 마음을 애써 달래면서 아버지와 제가 무엇이 다른지 살폈습니다. 마침내 알아낸 사실은,

아버지가 저보다 낚싯대를 더 자주 던진다는 것이었습니다. 실제로 아버지가 캐스팅 한 번당 더 많은 고기를 잡지는 않았어요. 단지 물고기에게 낚일 기회를 더 많이 주고 있었던 것입니다.

인생의 성공도 그런 식입니다. 큰 성공을 한 사람이라고 해서 성공의 확률이 특별히 더 높지는 않습니다. 자신에게 단지 성공할 수 있는 기회를 더 많이 준 것이죠. 앞을 전혀 못 보는 저라도 만약에 야구 경기 타석에서 원하는 만큼 방망이를 휘두를 수 있다면, 그 아무리 메이저리그 최고의 투수가 던지는 공이라고 하더라도 하나쯤은 받아칠 수 있다고 믿어 의심치 않습니다.

여러분이 경력, 인생, 성공에 대해서 고민한다면 스스로 이렇게 물으세요. 나를 지금의 위치에서 원하는 곳으로 데려다줄 수 있는 하나의 일이 무얼까? 답이 나오면 핵심적인 그 일을 가능한 한 많이 해보세요. 미국에서는 세일즈 세미나가 자주 열립니다. 마케팅 종사자들에게 판매 성공률을 높이는 비법 같은 것을 가르쳐주는 자리죠. 이런 강의도 유용하겠지만, 그것보다 제 생각에 실적을 올리는 가장 쉬운 방법은 더 많은 고객과 만나는 것이 아닐까 합니다.

성공률은 신경 쓰지 말고 내가 통제할 수 있는 것만을 통제해야 합니다. 자신이 통제할 수 없는 것들에 관해서 걱정하느라 낭비하는 시간을 내가 통제할 수 있는 것에만 집중한다면 남보다 앞설 수 있지 않을까요? 부디 중요한 것에 초점을 맞추어 하루하루를 살고, 낚시는 기회가 된다면 꼭 가보길 바랍니다.

Today's the day!

뿌린 대로
거둔다

———— *Wisdom for Winners* ————

인류는 기술 시대를 살아가고 있습니다. 신기술을 적극적으로 받아들이며 새로운 세상으로 담대하게 발걸음을 옮기는 사람도 있고, 거세게 저항을 하면서도 시대의 조류에 어쩔 수 없이 떠밀려가는 사람도 있습니다. 컴퓨터와 인터넷, 그리고 여전히 개발 중인 첨단 기술은 좋든 싫든 우리가 앞으로 살아갈 날들에 지대한 영향을 미칠 것이 분명합니다.

기적과도 같은 발전에도 불구하고 인류의 오래된 원칙이 여전히 21세기의 기술을 지배하고 있다는 사실에 저는 감탄을 합니다. 컴퓨터 시대에도 주효한 이 원리는, 내가 산출한 정보는 내가 앞서 입력한 정보보다 절대로 더 낫거나 정확할 수 없다는 것입니다.

우리는 '인스턴트' 정신이 팽배한 세상을 살고 있습니다. 약을 한 알 먹거나 복권에 당첨되는 식으로 순식간에 간편하게 성공과 행복을 얻을 수 있다고 하면 열광합니다. 이러한 모든 메시지가 의식적으로나 무의식적으로 영향을 미칩니다. 사람들의 세계관을 왜

곡하는 입력입니다.

저는 방송업계에서 일합니다. 방송업계 사람들은 그들이 내보내는 방송 메시지에 대해서 좀 이상한 생각을 가지고 있습니다. 한편으로는 방송에 내보내는 폭력성과 선정성 짙은 콘텐츠가 시청자에게 아무런 영향도 끼치지 않는다고 합니다. 사람들은 그것이 현실이 아님을 모두 이해하고 있다는 것이죠. 하지만 다른 한편으로는 슈퍼볼 경기 중에 내보낼 30초짜리 광고 시간을 200만 달러에 팝니다. 왜냐하면 30초면 광고주가 광고비 이상의 이익을 낼 수 있을 만큼의 콘칩이나 스노타이어를 팔 수 있다고 확신하기 때문이죠. 이 둘은 모순된 게 맞죠? 여러분 머릿속의 생각도 컴퓨터와 마찬가지로 입력에 의해 좌우됩니다. 컴퓨터와 다른 점은 나에게 입력될 내용을 스스로 정할 수 있다는 것입니다.

미디어의 '인스턴트' 정신에 현혹되지 마세요. 성공과 행복은 단순히 어떤 음료를 마시거나 특정 브랜드의 향수를 뿌리는 것 같은 문제가 아닙니다. 성공과 행복은 인생에서 내가 무엇을 주고 무엇을 받기 바라는지를 결정하는 문제입니다. 이 질문에 대한 여러분의 답이 나왔다면, 그다음은 자신에게 투입하는 메시지를 통제해가며 여러분의 꿈에 이르는 겁니다.

아무리 놀라운 성능의 최첨단 컴퓨터라도 뿌린 대로 거둔다는 속담을 빗겨가지는 않습니다. 입력만 신경을 잘 쓴다면 출력은 알아서 좋은 결과로 나올 것입니다.

Today's the day!

285

하루하루 배우고
성장하라

Wisdom for Winners

제 대표작이라고 할 수 있는 《최고의 유산 상속받기》가 세계 여러 나라 말로 번역되어 출간되었다고 합니다. 시각장애인인 저는 책을 집필할 때마다, 아니 지금처럼 짧은 주간 칼럼 한 편을 쓸 때조차도 매번 여러분이 읽고 있는 것을 읽을 수 없는 사람이, 적어도 여러분처럼 활자 형태로는 볼 수 없는 사람이 그 글을 쓰고 있다는 아이러니에, 뭐랄까 조금 어처구니없는 기분이 들고는 합니다.

저도 여러분처럼 제 눈으로 글자를 읽던 때가 있었습니다. 그런데 그 시절에는 책을 즐겨 읽지 않았습니다. 완독한 책이 과연 한 권이라도 있었는지 모르겠어요. 자랑할 만한 일은 아닌데 사실인 건 맞습니다. 그때 저는 배움이란 유산을 이해하지 못했습니다. 완전한 맹인이 된 지금에서야 매일 독서를 합니다. 국립맹인도서관National Library for the Blind에서 카세트테이프 오디오북과 고속 녹음기를 빌려줍니다. 지난 12년 동안 한 해 365권의 책을 듣고서야 제 인생과 제 세상에 닥친 무수한 변화를 경험했습니다.

인류사의 지혜, 모든 질문에 대한 답이 가까운 동네 서점이나 도서관에 있습니다. 그곳에서 우리는 정보와 재미를 얻고 학습하는 역량을 키울 수 있습니다. 역사의 위인들이 책을 통해서 말을 걸고 그들의 가장 큰 비밀을 나누려고 합니다.

> 인류사의 지혜, 모든 질문에 대한 답이
> 가까운 동네 서점이나 도서관에 있고
> 그곳에서 우리는 정보와 재미를 얻고 학습하는 역량을
> 키울 수 있습니다.

빈 종이에 여러분이 읽고 싶은 책을 죽 나열해보는 일부터 시작해보세요. 목록은 계속 업데이트를 해야 합니다. 누군가 자신이 읽은 좋은 책을 추천하거나 미디어에서 관심이 가는 신간 도서 소식을 접하면 기록해놓습니다. 평생 독서 계획표는 여러분의 신실한 벗이 될 것입니다. 새로운 책을 더하고 다 읽은 책은 지우는 일을 게을리하지 마십시오.

저는 꾸준한 독서를 시작한 다음부터 모든 방면에서 성장하기 시작했습니다. 한 명의 독자가 되고 나서야 비로소 주간 칼럼을 쓰는 것도 가능해졌고, 책을 여러 권 쓴 작가도 될 수 있었습니다. 독자가 되려는 노력을 기울이지 않았다면 내 안에 숨겨진 힘과 책 안에 숨겨진 보물은 절대로 찾지 못했을 것입니다.

독서 습관도 다른 여느 습관과 마찬가지입니다. 처음에는 어색하고 어렵게 느껴질 것입니다. 하지만 몇 주나 몇 달 뒤에는 매일 책

읽는 시간이 그렇게 기다려질 수가 없습니다. 여러분도 부디 앞으로 인생을 살면서 많은 책들을 즐겁게 읽고, 하루하루 배우고 성장하기를 바랍니다.

Today's the day!

궁극적 목표에
부합하는 일

Wisdom for Winners

사람들은 마치 뒤에서 누가 쫓아오는 것처럼 정신없이 바쁜 하루를 보내고 나서도 오늘 더 많은 일을 하지 못했다고 아쉬워합니다. 하지만 충분할 만큼 일을 해내지 못했다는 것은, 따져보면 사실이 아닙니다. 오히려 우리는 너무 많이 하려고 애씁니다.

온종일 바쁜 것과 의미 있는 과업을 완수하는 것은 완전히 다릅니다. 의미 있는 과업이 무엇인지 판별하려면 먼저 본인이 달성하려는 바가 무엇인지 알아야 합니다. 쌀로 밥 짓는 소리처럼 들릴 수도 있겠지만, 이것이야말로 사람들이 하루하루 살면서 가장 흔히 빠지고 마는 실패의 함정입니다. 자신이 어디로 가는지 확실히 모를 때는 어떤 활동이라도 다 생산적으로 보입니다. 활동을 한다는 것과 생산성을 낸다는 것은 완전히 다른 일인데 말입니다.

매일 아침 오늘의 할 일 목록을 보면서 이렇게 자문해봅니다.

'여기서 나의 궁극적 목표에 부합하는 일은 뭐지?'

그리고 목록에 있는 일들을 하나하나 살피면서 긴가민가한 활동에 대해서는 다시 이런 질문을 던져봅니다.

'이 일을 만약에 안 한다면 어떤 일이 생기지?'

바쁘게 사는 행위 자체로 시간과 노력, 정력이 소모됩니다. 게다가 정말로 집중해야 하는 일에서 주의가 분산됩니다. 어떤 일을 몹시도 잘했는데 그것이 무의미한 과업이라면 차라리 그냥 노느니만 못할 수도 있습니다. 왜냐하면 그 과정에서 만들어진 전례와 새로 생긴 습관을 되돌리기가 힘들기 때문입니다.

유의미한 일을 하는 것이 성공의 열쇠입니다. 이것은 무의미한 일을 하지 않을 때 쉬워집니다. 무의미한 일이 틀린 일이나 나쁜 일이라는 건 아닙니다. 단지 나의 목표로 이끌지 않는 일이라는 뜻입니다. 나에게 무의미한 일이 다른 사람에게는 얼마든지 유의미할 수 있습니다. 가려는 목적지가 다르기 때문에 그럴 뿐입니다.

《이상한 나라의 앨리스》에 등장하는 체셔 고양이는 이런 멋진 말을 남겼습니다.

"어디로 가고 있는지 모른다면 어느 길로 가든 아무 상관이 없는 것 아니야?"

여러분의 시간을 개인적, 직업적 목적에 부합하게 쓰고 있는지 검토해보세요. 누구라도 여러분이 매일 하는 활동을 관찰하면 여러분의 목적을 알아낼 수 있어야 합니다. 숨 가쁘게 달린 오늘이 또 하루의 다람쥐 쳇바퀴 돌리기가 아니라 미래의 결승점을 향한 질주이기를 바랍니다.

Today's the day!

290

닭고기든 소고기든
일단 선택을 하라

Wisdom for Winners

알다시피 저는 올림픽 국가대표 역도 선수였습니다. 제 사무실에 방문하면 제가 딴 전국체전 금메달을 볼 수 있습니다. 인생의 특별한 기념물이자 무척 아끼는 보물이지요. 최근에 비행기를 타고 가다가 겪은 일입니다. 제 옆자리에 성격이 독특한 사람이 앉았습니다. 만약에 '투덜이 올림픽' 같은 대회가 있다면 그분도 반드시 저처럼 금메달을 딸 겁니다.

제가 인사를 건네자 그 사람은 우리가 이용 중인 항공사를 좋아하지 않는다는 말부터 꺼내더군요. 게다가 자리도 안 좋고 복도를 다니기도 불편하고, 승무원도 별로라고 했습니다. 지금 떠나려는 도시도 마음에 안 들고, 환승할 공항도 그렇고, 목적지 도시도 별반 다르지 않다고요. 옆에 앉은 저라고 뭐 마음에 들었겠습니까마는, 대화가 그 선을 넘지는 않았습니다.

비행기가 이륙을 했습니다. 객실 승무원이 와서 저녁 식사로 닭고기와 소고기 메뉴가 준비되어 있다고 알려주었습니다. 저는 닭고기로 달라고 했습니다. 옆에 앉은 투덜이 씨는 아무거나 가져다 달라고 했습니다. 그곳은 일등석이었습니다. 승무원은 만족스런 서비스를 제공하는 것이 본인의 일이라며 닭고기든 소고기든 충분한 양이 있으니까 말만 하라고 재차 선택을 권유했습니다. 옆자리 승객의 대답은 이거였습니다.

"상관없다고요. 아무거나 가져와요."

올바른 결정을 하는 소수가 있습니다.
잘못된 결정을 하는 소수가 있습니다.
다수의 사람은 아예 결정을 내리지 않습니다.
그러고서 결과에 대해 불평할 뿐입니다.

시간이 흐르고 승무원이 저의 닭고기 요리를 가지고 돌아왔습니다. 그에게는 소고기 요리를 주더군요. 그리고 그다음 41분 동안 (제 점자 시계로 시간을 확인했습니다.) 그는 자신의 소고기 기내식에서 뭐가 문제인지, 이럴 거면 왜 닭고기를 안 가져다준 건지 모르겠다는 말부터 시작해서 제가 상상할 수 있는 온갖 불평과 상상도 하지 못한 불평을 늘어놓았습니다. 그때 저는 대부분의 사람이 이러한 방식으로 삶을 산다는 것을 깨달았습니다. 올바른 결정을 하는 소수가 있습니다. 잘못된 결정을 하는 소수가 있습니다. 다수의 사람은 아예 결정을 내리지 않습니다. 그러고서 결과에 대해 불평할 뿐입니다. 이런 사람들은 남은 인생에 대한 계획보다 사흘짜리 연휴 일정을 짜는 데 더 많은 시간을 씁니다.

우리가 지금 살고 있는 이 삶은 연습 경기가 아닙니다. 슈퍼볼과 월드시리즈와 올림픽을 한데 합친 경기 같은 것입니다. 자신의 삶에 대해서 만약 이런 느낌이 없다면 무언가 다른 일을 찾거나 지금 하고 있는 일에 대해 새로운 태도를 가질 필요가 있습니다.

Today's the day!

미루는 행위가
성공의 적이다

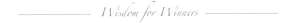

일이나 개인적인 삶에서 성공을 하려면, 성공의 적을 확인하고 이해하는 것이 중요합니다. 성공의 적은 실패가 아닙니다. '미루는 행위'가 성공의 적입니다. 최선의 노력을 다하지 않아서 목적 달성에 실패하는 사람보다 아예 시작을 하지 않아서 목적을 못 이루는 사람이 더 많습니다.

제 친한 친구이자 동료인 로버트 슐러 박사는 "시작이 반"이라는 말을 입에 달고 삽니다. 저는 여러 해 동안 이 말이 틀렸다고 생각했습니다. 시작이 출발이지 어떻게 반일 수 있겠어요. 그 후 인생을 오래 살면서 깨달은 바는, 슐러 박사의 이 말은 역시 정확하지 않더라는 것입니다. 시작이 반 이상이더라고요.

성공이란 쉽게 무너지는 것이기 때문에 사람들은 초기의 노력이 아직 부족하다는 생각에 섣불리 첫발을 내딛지 못합니다. 완벽하게 하는 것이 목적이면 실패할 수밖에 없습니다. 어떤 과업이나 모험적인 일을 시작하거나 여행을 떠나기에 완벽한 시간 같은 건 절대로 오지 않습니다. 신호등이 초록불이고 날씨도 좋고 모든 여건이 괜찮을 때를 기다리다가는 늙어 죽습니다.

여러분에게도 평생에 걸쳐서 좇고 싶은 목적, 꿈, 목표가 있다면 제가 해줄 수 있는 최선의 조언은 그냥 시작하라는 한마디 말이 아닐까 생각합니다. 일을 시작하고 나서 애초의 목표에 도달하지 못할 수도 있습니다. 하지만 아예 시작을 하지 않는다면 목표에 도달할 가능성은 전혀 없습니다. 큰 성공을 이룬 사람들의 공통적인 자질 하나가 뭐냐면, 내가 최선을 다하면 그걸로 된다고 마음먹고 바로 어떤 일에 착수한다는 것입니다.

여러분 안에 열정이 있어서 미래에 어떤 목적을 이루고 싶다면, 그 생각을 현실로 만들어줄 무슨 일인가를 지금 하고 있지 않으면 안 됩니다. 하고 있는 그것이 공부일 수도 있고, 사람을 만나는 일일 수도 있습니다. 그게 무엇이든 여러분 자신을 이곳에서 저곳으로 데려다줄 단계를 밟고 있어야 하겠죠. 일을 시작할 최적의 시점이나 시기를 특별히 고민해서 잡아둔 게 아니라면 오늘 당장 어떤 일을 해야 합니다. 그 시작점이 몇 주, 몇 달, 설령 몇 년 뒤의 미래라고 하더라도 준비를 하거나 기반을 닦고 있어야 합니다.

고급 와인이나 오래 묵히는 것입니다. 인생에서 묵힌다고 더 나아질 일은 아마도 없을 것입니다. 하려거든 지금 하기 바랍니다. 하지 않으려거든 다른 일을 찾아서 그걸 지금 하고요.

Today's the day!

잘하는
일만 하라

Wisdom for Winners

남들이 나를 어떻게 생각할까, 이 걱정을 하느라고 우리는 너무 많은 시간과 노력, 정력을 소모합니다. 하지만 남들은 내 생각만큼 나에게 관심이 없습니다. 그 사실을 깨닫고 나면 타인의 시선을 신경 쓰느라고 보내는 시간이 훨씬 줄어들 것입니다. 결론적으로 말하자면, 신경을 써야 할 단 하나는 내가 나 스스로에 대해서 갖는 생각이나 의견입니다. 대신, 자신에 대한 평가는 엄밀하고 솔직해야 하는데, 그것을 해내는 사람은 정말로 드뭅니다.

"너 자신에게 진실하라."

셰익스피어는 간명한 문장으로 이렇게 썼지만, 자신을 있는 그대로 본다는 게 말처럼 그렇게 쉽지가 않습니다. 내가 누구인지를 오롯이 이해하려면 먼저 나 자신이 아닌 것들을 명확히 밝혀내야 합니다. 위대한 조각가 미켈란젤로는 한 덩어리의 화강암을 어떻게 이토록 아름다운 여인의 모습으로 탈바꿈시킬 수 있었느냐는 질문을 받고 이렇게 답했다죠.

"돌에서 아름다운 여인이 아닌 것만 전부 깎아내면 된다네."

우리는 모두 재능과 능력을 가지고 있기에 그것을 잘 활용하면 성공할 수 있을 것입니다. 하지만 안타깝게도 자신의 재능과 전문성 수준에 못 미치는 일을 하는 경우가 너무나 많습니다.

시각장애인으로서 좋은 점을 하나 찾자면, 제가 할 수 없는 일이 너무나 많기 때문에 제가 할 수 있는 몇 가지 일에 자연스레 저의 노력이 집중된다는 것입니다. 이렇게 삶의 에너지를 좁게 모아온 덕에 성공을 했고, 행복하고 만족스런 인생을 살고 있습니다. 여러분처럼 오감을 모두 가지고 있다면 자신의 에너지를 특정 영역에 집중하고, 그 밖의 영역에 있는 가능성은 과감히 포기하는 숙제를 추가로 할 필요가 있을 겁니다.

마이클 조던은 농구 역사를 통틀어서 손꼽히는 최고의 농구 선수였습니다. 하지만 은퇴 후 야구 선수로 변신한 그는 그저 그런 마이너리그 선수에 불과했습니다. 마이너리그에서 뛰는 것도 물론 대단하죠. 다른 영역에서 엄청난 능력을 지닌, 예를 들어 마이클 조던 같은 선수가 아니라고 한다면요. 저는 이렇게 말하고 싶습니다. 여러분 한 명 한 명이 메이저리그급 재능과 능력을 지니고 있습니다. 그저 종목만 올바르게 고르면 메이저리거가 될 수 있습니다. 엉뚱한 종목을 기웃대지 않는다면 말이죠.

위대한 성취를 한 인물을 살펴보면 다들 자신의 재능을 좁은 범위에 집중했던 것을 알 수 있습니다. 여러 가지 일을 잘하려고 시도하는 사람은 기껏해야 그 일들을 평균 수준 정도로 하게 될 뿐, 어느 하나에서도 빼어날 수 없습니다. 여러분 자신에 대한 인사 평가를 해보세요. 마치 회사에서 지원을 평가하는 것처럼 객관적으로요. 스스로 인사 보고서도 작성해보고요. 나는 어떤 일을 잘하는지, 평범한 수준으로밖에 해내지 못하는 일은 무엇인지를 판단합니다. 평균 수준의 일이라면 그 일을 점차 하지 않는 방향으로 해서 잘하는 일만을 남겨놓습니다. 자신의 재능에 초점을 맞추면 그 일에 더 전문성을 가지게 되고, 그럴수록 더욱 성공할 것입니다.

오늘을 솔직한 자기 평가를 해보는 날로 삼아보면 어떨까요? 여러분이 지닌 위대한 재능에 집중하고, 나머지 것들은 뒤에 남겨두세요.

Today's the day!

열심히 하거나
창의력을 발휘하거나

Wisdom for Winners

어떤 도전이든 그것을 해내는 방법은 두 가지뿐입니다. 골몰해서 열심히 하거나 창의력을 발휘하거나, 둘 중 하나죠. 창의력이 필요한 상황이 있습니다. 오래된 문제를 새로운 방식으로 바라볼 필요가 있을 때, 그리고 기존 상황에 대한 새로운 해법이 나와야 할 때입니다. 다른 한편으로, 지구력을 가지고 꾸준하게 매달리지 않으면 해결할 수 없는 그런 문제와 도전도 있습니다. 문이 열릴 때까지 두드린다, 안 열리면 문이라도 찌그러뜨린다, 뭐, 그런 것입니다.

우리가 어떤 일을 할 때는 '지구력'과 '창의력' 중 무엇을 발휘할 것인지를 판단해야 합니다. 그 선택은 예술적 기교에 가깝습니다. 성공을 하려는 사람에게 있어서 이 두 가지 접근법은 한없이 소중하지만, 절대로 바꿔서 쓸 수는 없습니다.

하지만 지구력이 요구되는 상황에서 창의력을 쓰려는 사람이 너무 많은 것도 현실입니다. 그들은 기존의 검증된 방식대로 다량의 노력을 투입해야 하는 상황에 '벼락부자', '마법의 약', '지름길'

같은 키워드로 요령을 찾습니다.

몸매 관리, 경제적 독립, 대학원 공부 같은 걸 원한다면 마라톤 경기를 뛸 때와 같은 지속적인 노력을 해야만 합니다. 곰탕을 솥에 오래 끓이지 않고 전자레인지로 뚝딱 어떻게 해보겠다는 마음으로는 절대로 성공할 수 없습니다. 유치원에서 모두들 〈토끼와 거북이〉 우화를 배웠을 것입니다. 안타깝게도 그 교훈을 삶이 때때로 다시 일깨워주어야만 합니다.

반대로, 무조건 열심히 해봐야 돌아오는 게 없는 상황도 있습니다. 창조력이 요구되는 때입니다. 상황 판단을 하면서 스마트하게 일하지 않고, 노력은 반드시 보상받는다는 식의 잘못된 믿음으로 우직하게 몰두하는 경우입니다. 그들은 말하자면 쓰러지지 않을 벽에다 대고 반복해서 머리를 찧는 사람들입니다. 벽을 돌아서 가거나, 벽을 오르거나, 벽 반대편으로 이어진 통로를 찾지 않고서 말이죠.

항상 해왔던 같은 일을 계속한다면 같은 결과를 달성할 것입니다. 같은 일을 더 열심히 계속한다면 같은 결과를 더 많이 달성하겠지요. 여러분이 살면서 일적으로 또 사적으로 만난 사람들 중에는 만사에 항상 쉬운 길만을 찾으려는 이들이 꼭 있었을 거라고 생각합니다. 그 반대의 부류, 그러니까 모든 일을 그저 열심히만 하려는 사람들도 보았을 겁니다. 이제부터는 여러분 앞에 어떤 당면 과제가 주어지든지 그 일에 뛰어들기 전에 그것이 지구력과 창의력 중에 과연 어느 쪽으로 접근했을 때 잘 해결될 성질의 것인지에 대해서 잠깐 생각해보는 시간을 가지십시오. 어떻게 진행할지 판단이 선다면 장애물에 대한 부담이 크게 줄어들 것입니다.

여러분 손에는 지구력과 창의력, 이렇게 두 가지 도구가 들려 있습니다. 둘 중에 어느 것을 써서 요즘의 현안을 해결하는 것이 좋을지 고민해보기 바랍니다.

Today's the day!

나만의 파워존을
벗어나지 않는다

Wisdom for Winners

여러분이 내는 힘은 일정하지 않으며 여러분이 가진 기술도 옮겨 쓸 수 없습니다. 자신의 잠재력을 극대화하려면 이 점을 이해해야 합니다. 한 가지 일을 잘한다고 해서 다른 나머지 일도 같은 수준으로 잘할 수는 없습니다.

저는 지금은 은퇴를 했지만 한때는 장사 소리를 듣던 사람입니다. 전문 용어로 '관절가동범위ROM'라는 게 있습니다. 사지를 움직일 때 측정한 관절의 운동 범위입니다. 이 범위 내에서 역기를 들어 올릴 때는 몸에 최대한 가깝게 붙여야 합니다. 대략 2.5센티미터를 벗어나면 안 됩니다. 그 좁은 간격을 유지하면서 관절가동범위 안에서 저는 일반 성인 남성에 비해 서너 배 이상의 무게를 들 수 있었습니다. 힘을 제대로 쓸 수 있는 이 범위를 '파워존'이라고도 합니다. 파워존 내에서 역기를 들면 성공을 합니다. 하지만 역기가 제 몸과 너무 가까이 붙거나 반대로 멀리 떨어져서 파워존을 벗어나버리면 힘이 균형을 잃고 무너져버립니다.

골프에서도 그렇습니다. 프로 골프 선수는 골프공을 300미터까지도 날려 보낼 수 있습니다. 하지만 골프공을 놓은 위치가 선수가 원래 치는 자리에서 조금만 더 가깝거나 멀어져도 파워존을 벗어나는 바람에 스윙을 망칩니다. 그러면 골프공은 멀리 못 날아가거나 정확도가 떨어지겠죠.

야구도 마찬가지입니다. 프로 투수는 경기에서 상대할 모든 타자를 공부하고서 마운드에 오릅니다. 만약에 투구가 아웃사이드 높은 쪽이면 타자에게 홈런을 맞을 수도 있을 겁니다. 하지만 투구가 인사이드 낮은 쪽이라면 그 타자는 공을 칠 수 없거나 치더라도 유격수 앞 땅볼이 될 겁니다. 운동경기는 삶의 축소판입니다. 승자와 패자가 있고, 점수에 대한 규정이 명확하죠. 따라서 스포츠에서 인생의 많은 교훈을 유추할 수 있습니다.

직업 생활에도 파워존이 있습니다. 직업인으로서 활동을 할 때 유용성과 효율성이 극대화되는 곳입니다. 파워존 안에서 업무를 수행하면 일도 손에 붙고 돈도 잘 법니다. 파워존 밖으로 나가면 성과가 떨어집니다. 만약에 자기의 파워존의 정확한 경계를 모르겠다면 여러분을 아주 잘 아는 사람이나 정말로 솔직하게 말해줄 수 있는 주변인들에게 물어보는 편이 좋습니다. 자기의 파워존을 파악하고 그 안에 머문다면 여러분이 일하는 분야와 개인적 삶에서 달성하고픈 모든 일을 이룰 열쇠를 갖는 셈입니다. 오늘 하루는 여러분의 파워존을 찾아 그 안에 머물러보면 어떨까요?

Today's the day!

303

마법은
디테일에 있다

Wisdom for Winners

시력을 잃고서 인생의 새로운 비전을 보게 된 다음부터 저에게는 흥분되는 많은 일이 일어났습니다. 케이블 채널 하나를 소유하고 운영하는 특별한 일을 하게 되었고, 미국 전역을 다니면서 강연회 무대에 서고 기업 행사에 초청도 받았습니다. 책도 여러 권 썼죠. 그리고 잡지나 신문, 온라인 매체에 실리는 칼럼을 통해서 매주 전 세계의 독자와 소통하는 특권을 누리고 있습니다.

최근에 흥분되는 일이 하나 더 일어났습니다. 새로운 일이 진척될 때면 늘 그렇듯이 이번에도 흔치 않은 기회와 경험과 교훈이 따르더군요. 제가 쓴 소설 《최고의 유산 상속받기》가 극장용 영화로 제작되고 있습니다. 제임스 가너James Garner, 리 메리웨더Lee Meriwether, 브라이언 데니히Brian Dennehy가 출연합니다. 촬영 현장에서 한 주를 보내고 막 돌아왔습니다. 영화에서 저도 작은 배역 하나를 맡았기 때문입니다.

영화관에 가면 팝콘을 손에 들고 편안한 자리에 앉아 현실을 잠시 잊고 2시간 정도를 즐깁니다. 한 편의 영화 뒤에는 그 경험을 제공해준, 말 그대로 수백 명의 영화인이 있지만, 관람을 하면서 그들의 시간과 노력과 열정을 떠올리지는 않습니다. 저는 촬영 현장에 있으면서, 또 제 배역을 연기하며 많은 스태프와 만났습니다. 저도 알 법한 일을 하고 있는 스태프도 있었고, 지금도 여전히 잘 모르겠는 일을 하는 스태프도 있었습니다. 그들이 여러 시간을 함께 일하면서 하나의 장면을 촬영할 준비를 해놓으면 배우와 감독이 들어와서 1~2분 가량의 분량을 찍었고, 진행이 잘 되어서 'OK'가 나면 그런 신들이 쭉 모여서 한 편의 영화가 된다는 사실을 알고는 저도 느끼는 바가 많았습니다. 단 한 명의 스태프라도 맡은 업무를 제대로 해내지 못하면 전체 촬영 과정을 다시 진행해야만 했습니다. 그렇기 때문에 한 사람 한 사람이 자기 몫을 해내지 않으면 팀 전체가 힘들어진다는 위기의식이랄까, 그런 전반적인 분위기가 촬영장을 맴돌았습니다.

영화 세트장을 떠나서 현실 세계로 돌아온 저는 똑같은 원리가 우리의 일상생활에도 적용될 수 있음을 깨달았습니다. 뛰어나려면 팀 전체가 잘해야 하지만, 전체 과정을 망치는 건 단 한 사람으로도 충분합니다. 누구라도 1분 동안만 자기 할 일을 하지 않으면 그렇게 됩니다.

여러분이 사장이라고 상상해보세요. 내가 일을 아무리 잘하더라도 회사로 걸려오는 전화를 받는 직원, 카펫을 청소하는 직원, 우편물을 분류해서 가져다주는 직원, 고객 서비스를 담당한 직원 등이 하루만 일을 엉망으로 하거나, 아니 잠시만 소홀해도 그 직원이 가장 약한 고리가 되어서 회사라는 사슬이 끊어질 것입니다. 반대로 마치 영화 제작처럼 모두의 역할을 소중히 여기고 그들이 언제나 최선을 다할 수 있게끔 격려한다면, 여러분이 상대하는 거래처나 고객에게 훌륭한 경험을 선사하게 되겠지요. 가끔은 마법 같은 일이 벌어질 수 있고요.

오늘 하루는 하나의 일을 훨씬 더 잘하려고 시도하지 말고 많은 일을 조금씩 더 잘하려고 애써보면 어떨까요?

Today's the day!

빨리 간다고
다 앞서는 건 아니다

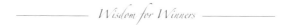

자동차 운전은 사람에 따라서 기분 좋은 경험일 수 있습니다. 뉴스에 귀를 기울이거나 음악을 즐기고, 운전하며 오디오북이나 음성 강의를 듣는 등 그 시간을 공부의 기회로 삼기도 합니다. 한편 어떤 사람에게 자동차 운전은 정신없고 짜증 나는 일입니다. 특히 교통 체증 상황에선 이종격투기 선수처럼 호전적이 될 수도 있지요. 여러분도 출퇴근 중에 양쪽 유형의 운전자를 모두 보았을 것입니다. 이처럼 극명하게 대비되는 두 가지 운전 방식은, 우리가 삶을 사는 방식을 명확히 반영해서 보여주는 것이기도 합니다.

차분하고 느긋한 운전자를 한번 상상해보세요. 아름다운 음악을 즐기거나 유용하고 흥미로운 오디오북을 듣습니다. 앞에 신호등이 보입니다. 주황색 등으로 바뀌자 천천히 속도를 줄이며 앞바퀴가 정지선에 닿기 전에 완전히 정차합니다. 옆 차선에는 짜증과 스트레스로 가득한 운전자가 있습니다. 주황색 신호등입니다. 빨간불로 바뀌기 전에 통과하려고 미친 듯이 가속 페달을 밟습니다. 하지만 너무 늦었네요. 운전자는 정지선 바로 앞에서야 급브레이크를 밟습니다. 자동차가 끼익 소리를 내고 미끄러지면서 타이어 타는 냄새가 납니다.

빨간불에 멈춰 서 있는 동안에도 차분하고 느긋한 운전자는 음악을 즐기거나 오디오북을 들으면서 화창한 날씨와 창밖의 멋진 풍경을 감상합니다. 짜증과 스트레스로 가득한 우리의 출퇴근 친구는 신호등이 바뀌길 기다리는 그 잠깐 동안에도 쓸데없는 엔진 공회전을 하면서 손으로 핸들을 찧거나 이빨을 갑니다. 음악이나 창밖 풍경을 즐길 여유는 없습니다.

신호등이 초록불로 바뀌었습니다. 차분하고 느긋한 운전자는 차량의 속도를 천천히 높이면서 안전하고 효과적으로 차량의 흐름 속으로 들어가서 목적한 장소로 향합니다. 짜증과 스트레스로 가득한 운전자는 신호등이 초록불로 바뀌자마자 마치 로켓처럼 튀어나갑니다. 급제동했을 때와 마찬가지로 급발진을 하면서 도로에 타이어 자국을 남깁니다. 총알처럼 질주하면서 앞에 걸리적거리는 차량이 있으면 비키라고 빵빵 경적을 울려댑니다. 차분하고 느긋한 운전자가 있으면 거침없이 추월합니다. 이러한 곡예 운전은 다음 교차로에서 신호등에 걸려 멈출 때까지 계속됩니다. 속도는 빠르지만 비생산적인 주행입니다.

'활동성'과 '생산성'을 혼동하지 말기 바랍니다.
빨리 간다고 해서 꼭 그만큼 더 앞서는 건 아닙니다.

308

빨간불을 다시 만난 이 성마른 운전자는 이번에도 역시 온몸이 쏠리는 급정거를 합니다. 신호에 또 걸렸다는 짜증에 운전대를 쿵쿵 치면서요. 짜증이 심해지고 비생산성도 증가합니다. 이쯤 되면 '교통 유도 발작' 같은 병명을 붙여도 될 것 같군요. 이때 옆 차선에서 우리의 생산적이고 효율적인 운전자가 다가와 살포시 섭니다.

이 두 운전자가 엇비슷한 차량을 몰고 있고, 주행 경로와 목적지도 같다는 것을 여러분은 눈치챘을 겁니다. 목적지에 도착하는 시간도 차이가 나지 않습니다. 하지만 거기까지 온 과정은 완전히 다르죠. '활동성'과 '생산성'을 혼동하지 말기 바랍니다. 빨리 간다고 해서 꼭 그만큼 더 앞서는 건 아닙니다.

오늘 하루는 속도보다 생산성에 초점을 맞춰보는 게 어떨까요? 짜증 나고 스트레스 가득한 상태로 빠르게 달리면서 내가 올바르게 계속 나아가고 있다고 착각하는 경우가 많으니까요.

Today's the day!

후기

〈이기는 사람들의 지혜〉 칼럼을 지난 여러 해에 걸쳐 신문과 잡지, 온라인 매체 수백 곳에 연재해오면서 저는 제 생각과 아이디어를 풀어낸 다음에 항상 이런 간단한 말로 끝을 맺었습니다.

"Today's the Day!"

성공이 무엇이며, 어디에 있고, 누가 성공한 사람인지 알기란 때에 따라서는 쉽지 않습니다. 하지만 성공에 있어서 '언제'는 확인이 쉽습니다. 바로 오늘이기 때문입니다.

어제는 지불 후 폐기된 수표 같은 것이고, 내일은 가치가 불확실한 약속어음입니다. 오늘만 현금입니다. 손에 쥔 현찰 같은 오늘을 현명하게 잘 써야 합니다.

여러분 마음에 여러분 인생의 목표, 인생의 모험, 가야 할 목적지가 있습니까? 여행은 여러 날을 하더라도 도착하는 날은 단 하루이며, 하루하루가 다 동등하게 중요합니다. 만약 내일까지 기다린다면 목적지에서 하루만큼 더 멀어지게 됩니다. 여러분이 오늘 달성하고 만들어내는 것이 무엇이든, 그것은 반드시 여러분의 운명의 일부여야 합니다. 왜냐하면 그것을 얻으려고 소중한 오늘 하루를 맞바꾸었기 때문입니다.

돈은 있다가도 없고 없다가도 있을 것입니다. 건물은 세울 수도 부술 수도 다시 지을 수도 있습니다. 허지만 오늘을 다시 살 수는 절대로 없습니다. 이 책에 든 지혜란 것은 결국 삶에 실제로 적용하지 않는 한 무의미한 이론에 불과합니다. 그러니까 마지막으로 한 번 더 말합니다.

Today's the Day!

짐 스토벌

인생에서의 성공은 책 한 권을 골라 읽고, 그 안의 메시지대로 살아보는 것 같은 간단한 일로 시작되기도 합니다. 짐 스토벌이 쓴 30여 권의 책 가운데 한 권을 집어 드는 것도 좋은 출발점이겠습니다. 그의 글을 읽으면서 그가 나누는 지혜를 여러분의 삶에 적용해보는 겁니다.

그렇다면 과연 이 짐 스토벌이란 사람이 여러분에게 지혜를 전할 만한 인물인지 의문이 들 것입니다. 참고가 되도록 그의 배경에 대해 조금 설명을 드리는 편이 좋을 것 같습니다.

잠언 27장 19절의 성경 말씀은 이렇습니다.

"물에 비치면 얼굴이 서로 같은 것같이 사람의 마음도 서로 비치느니라."

어떤 사람을 알려면 그 주변 친구를 보라고 합니다. 그런 차원에서 짐 스토벌은 현명한 선택을 했습니다. 나폴레온 힐의 동료인 리 브랙스턴Lee Braxton을 멘토로 삼았으니까요. 힐의 장례식에서 추도사를 한 사람이 브랙스턴이었습니다. 나폴레온 힐과 클레멘트 스톤도 그들의 베스트셀러 《행동하라! 부자가 되리라 Success through a Positive Mental Attitude》에 브랙스턴에 관한 이야기를 썼습니다.

리 브랙스턴은 아이가 열두 명 있는 가난한 가정에서 태어났습니다. 그는 훌륭한 인격과 믿음을 가진 사람이었죠. 신은 항상 선하신 분이라고 믿었습니다. 그러다 직장을 잃고 큰 어려움이 닥쳤습니다. 집도 빼앗길 위기였고, 어떠한 희망도 보이지 않았습니다. 브랙스턴은 자신을 인도해달라고 신에게 기도했습니다. 그때 마치 그의 기도에 응답이나 한 것처럼 한 친구가 책을 한 권 건네주었습니다. 나폴레온 힐의 《나의 꿈 나의 인생》이었습니다. 그 친구도 대공황 시기에 직장과 집을 잃었지만 《나의 꿈 나의 인생》을 읽고서 재기에 성공했다고 했습니다.

이후 리 브랙스턴은 시련을 이겨내고 마침내 은행을 창립했으며, 44세라는 젊은 나이에 은퇴하여 목회에 전념했습니다.

브랙스턴 같은 인물에 더하여, 오럴로버츠대학Oral Robert's University에서 50년 넘게 근무한 짐 스토벌의 아버지도 멘토로서 스토벌의 성공에 기여했습니다.

짐 스토벌은 이제 유명 작가입니다. 특히 베스트셀러 《최고의 유산 상속받기》는 제임스 가너와 애비게일 브레스린Abigail Breslin이 출연한 영화로도 제작됐지요. 스토벌은 장애인을 위한 업적으로 오럴로버츠대학에서 명예 법학박사 학위도 받았습니다. 스스로도 시각장애인인 그가 시각장애인들을 위한 내러티브 방송 및 영화 콘텐츠를 제작했고, 그럼으로써 시각장애인 사회의 주요한 대변자로 자리 매김하였습니다. 내러티브 텔레비전 네트워크NTN의 대표로 일하면서 에미상Emmy Award을 수상하는 쾌거도 이루었습니다.《포브스》의 CEO인 스티브 포브스Steve Forbes는 "짐 스토벌은 우리 시대의 가장 뛰어난 인물 중 한 명"이라고 말했습니다.

대통령 직속 기회균등위원회The President's Committee of Equal Opportunity 는 짐 스토벌을 올해의 기업인으로 선정했습니다. 또한 그는 지미 카터 미국 전 대통령과 테레사 수녀와 함께 영예로운 올해의 국제 인도주의자상 수상자에도 이름을 올렸습니다.

성공한 많은 사람들이 짐 스토벌의 이야기에 귀를 기울였습니다. 그가 이 책에 정리한 삶의 지혜가 여러분에게도 큰 동기 부여가 되리라 믿습니다.

— 돈 그린

돈 그린(Don M. Green)

나폴레온 힐 재단의 이사이며, 버지니아주립대 와이즈(Wise) 캠퍼스 이사회 임원이자, 동 대학 재단 이사회 대표다. 나폴레온 힐 재단에 합류하기 전에는 20년간 은행을 경영했다.

이기는 사람들의 지혜

초판 1쇄 인쇄 2021년 3월 11일
초판 1쇄 발행 2021년 3월 16일

지은이 | 김 스토벌
옮긴이 | 유영훈
펴낸이 | 한순 이희섭
펴낸곳 | (주)도서출판 나무생각
편집 | 양미애 백모란
디자인 | 박민선
마케팅 | 이재석
출판등록 | 1999년 8월 19일 제1999-000112호
주소 | 서울특별시 마포구 월드컵로 70-4(서교동) 1F
전화 | 02)334-3339, 3308, 3361
팩스 | 02)334-3318
이메일 | tree3339@hanmail.net
홈페이지 | www.namubook.co.kr
블로그 | blog.naver.com/tree3339

ISBN 979-11-6218-141-6 03190